LA CIVILITÉ

NON PUÉRILE, MAIS HONNÊTE

PAR

Mme EMMELINE RAYMOND

HUITIÈME ÉDITION

PARIS

LIBRAIRIE DE FIRMIN DIDOT FRÈRES, FILS ET Cie

IMPRIMEURS DE L'INSTITUT, RUE JACOB, 56

1873

BIBLIOTHÈQUE DES MÈRES DE FAMILLE

LA CIVILITÉ

NON PUÉRILE, MAIS HONNÊTE

TYPOGRAPHIE FIRMIN DIDOT. — MESNIL (EURE).

LA CIVILITÉ

NON PUÉRILE, MAIS HONNÊTE

> La politesse est un produit de la civilisation, destinée à prouver la bonté quand elle existe, à la remplacer quand elle n'existe pas.

I.

AVANT-PROPOS.

En remontant le cours des années, en se reportant vers les premiers souvenirs de la première enfance, chacun de nous retrouve dans sa mémoire l'image d'un petit livre poudreux, découvert dans quelque armoire abandonnée. Ce petit livre à couverture grise, dont les feuillets, jaunis par le temps, présentaient des caractères manuscrits, de forme gothique et d'aspect presque cabalistique, n'était autre que la *Civilité puérile et honnête;* on le laissait volontiers aux mains des enfants, quoiqu'il eût l'inconvénient de ne justifier que la première partie de son titre, et, tout en leur donnant des leçons fort opposées à la grammaire, de leur enseigner une foule de détails tout à fait en désaccord avec la deuxième partie du titre inscrit en tête de ses pages.

Si je ne me trompe, ce livre est à refaire. Il faut, tout d'abord, en renverser le titre, et apprendre aux enfants, aux jeunes gens, même aux personnes de tout âge, à celles du moins qui ignorent cette vérité capitale, que rien, dans la civilité, n'est et ne saurait être puéril. La civilité, ou, pour parler un langage plus moderne, la politesse, n'est autre chose que la manifestation, la preuve visible, et, pour ainsi dire, palpable de la bonté; c'est la monnaie faite avec le métal précieux composé des vertus contenues dans les cœurs généreux; c'est l'affirmation des sentiments élevés, des instincts de dévouement; c'est, en un mot, la qualité qui révèle toutes les autres qualités, en appliquant au bien-être, à la satisfaction de tous, même les vertus qui réservent leurs charmes pour embellir le foyer domestique, et qui s'exercent seulement dans le cercle de la famille et dans celui de l'intimité.

La politesse est aussi vieille que la civilisation : c'est dire qu'elle n'a pas été à l'abri des abus qui se glissent dans toutes les institutions humaines, même dans celles qui ont une origine à peu près parfaite. On en est arrivé insensiblement à se croire suffisamment poli, pour peu que l'on accomplisse certaines formalités prescrites à l'avance, et, pour ainsi dire, numérotées selon les cas particuliers auxquels ces formalités doivent s'adapter. Ainsi que cela se produit trop souvent, on s'est laissé entraîner, sans s'en apercevoir, à substituer la lettre à l'esprit, à tenir compte de celle-là seulement, et à perdre celui-ci de vue, en accomplissant machinalement quelques prescriptions, enseignées avec indifférence par ceux qui ne prennent pas la peine d'analyser les motifs qui justifient ces prescriptions, et de remonter jusqu'à l'origine des sentiments qui en dictent l'usage ; on a remplacé le caractère général, distinctif, de la politesse par les caractères particuliers, divers, multiples, des individus qui composent la société. C'est ainsi que l'on est arrivé à accepter un grand nombre de *politesses*, et c'est pour cela qu'on peut aujourd'hui les classer en plusieurs catégories. On distingue, en effet, lors même qu'on se borne à examiner seulement les traits principaux de la société, on distingue la fausse politesse, la politesse hautaine, et même la politesse grossière. Cet alliage monstrueux de mots, et, par conséquent, d'idées qui s'excluent, est dû à la substitution graduelle, et aujourd'hui à peu près complète, de la forme au fond. C'est parce que la politesse est, pour un grand nombre d'individus, seulement un masque pris en certaines circonstances, qu'il y a peu de personnes réellement polies; mais, de ce qu'il est rare et beau de posséder à la fois le fond et la forme, il ne faut pas conclure à l'inutilité de celle-ci. Lors même que, grâce à la contradiction qui existerait entre la nature véritable et l'apparence revêtue pour obéir aux exigences sociales, on serait poli seulement par intermittence et d'une façon incomplète, il faudrait encore essayer de perfectionner cette apparence, qui a le mérite inappréciable d'atténuer la manifestation des instincts égoïstes et grossiers, de voiler les imperfections du caractère, de substituer les traits extérieurs auxquels on reconnaît la bonté, à la brutale réalité qui proclame sans détour la personnalité, et la présente accompagnée de son inévitable cortége, composé d'iniquités de tous degrés.

Le livre dont cet avant-propos esquisse la donnée et les tendances pourrait se résumer en un seul précepte : *Pour être poli, soyez bon.* Celui qui est parfaitement bon évitera, en effet, d'humilier, de désobliger, de blesser ses semblables, et il recherchera en même temps toutes les occasions qui pourront lui permettre de manifester sa bienveillance ; seulement, à la politesse telle que l'indique le cœur, il faut ajouter la connaissance des nuances délicates adoptées par la société pour affirmer, en toute circonstance et dans les cas les plus frivoles en apparence, le sentiment généreux qui recherche le sacrifice et y trouve sa joie la plus réelle. Le dévouement s'exerce d'habitude seulement dans le cercle de la famille ou d'une intimité restreinte ; il représente, si je puis m'exprimer ainsi, un beau livre, écrit dans une langue peu usuelle, et qui peut être lu seulement par un petit nombre : la politesse en est la traduction en langue universelle, qui met à la portée de tous, les bons exemples et les sentiments généreux et conciliants. Disons enfin, pour résumer ces réflexions préliminaires, que la politesse est un produit de la civilisation, destiné à prouver la bonté quand elle existe, à la remplacer quand elle n'existe pas.

Mais, si la politesse a pour origine unique le sentiment qui vient d'être indiqué, elle est soumise à quelques changements quant à ses manifestations extérieures; celles-ci varient avec les mœurs, avec les habitudes sociales, qui se modifient deux fois par siècle environ, et on ne peut s'obstiner à les conserver lorsqu'elles ont été abandonnées par la génération à laquelle on appartient. Certaines attentions, certains soins, bons et touchants en eux-mêmes, communiquent cependant à ceux qui les dispensent un air suranné et *vieillot*. La mode régit toutes choses; les changements qu'elle commande ne se produisent pas dans un domaine circonscrit, et ne se bornent pas à modifier nos vêtements. Cette mobilité, fantasque en apparence seulement, logique et raisonnée en réalité, ainsi que l'on peut s'en convaincre en analysant, en remontant des effets aux causes, s'exerce à propos de tout : on la retrouve dans le langage, dans les attitudes, dans l'échange de soins courtois, commandés par les relations sociales. C'est là ce qu'il importe de constater, et ce sont justement ces nuances imperceptibles, ces usages contemporains, qui composeront le catalogue que j'entreprends de dresser.

Ces indications seraient bien incomplètes, pourtant, si je m'appliquais uniquement à indiquer les traits extérieurs du savoir-vivre tel qu'il est à notre époque. On sait mal, et l'on applique mal ce que l'on sait, lorsqu'on ne prend pas la peine de pénétrer le sens des sujets que l'on étudie, lorsqu'on s'en tient à la forme, sans se donner la peine d'examiner les liens qui la rattachent au fond. Nous essayerons, par conséquent, de trouver et d'examiner les raisons qui ont fait naître les différents usages observés par la société moderne. Si frivoles, si puérils même que ces usages puissent paraître à un observateur superficiel, on peut être assuré d'avance que leur origine se rattache à un bon sentiment, à une idée généreuse. Tout acte, si insignifiant qu'il paraisse, et quelle que soit l'apparence qu'il revête, s'il se trouve en opposition avec cette règle absolue, s'il n'est point la bonté mise en action, ne fait pas partie de la politesse ; il en est seulement la grimace hypocrite. Nous examinerons, par conséquent, les usages tels qu'ils sont, mais sans nous arrêter uniquement à leur superficie, sans nous borner à indiquer sommairement les formules consacrées, les pratiques usitées; nous les analyserons, afin de les justifier, afin d'indiquer l'origine commune dont ces formules et ces pratiques sont la déduction logique.

Il ne faut pas oublier, en effet, que, si l'on se contentait d'étudier quelques prescriptions d'un *Manuel sur la politesse,* sans se préoccuper des sentiments que ces prescriptions sont destinées à prouver, on serait à peu près aussi instruit qu'un perroquet répétant des sons dont il ignore la signification. Considérer la politesse, non comme une comédie plus ou moins bien jouée, mais comme l'affirmation des plus charmantes qualités, tel doit être le but que se proposent toutes les personnes qui prendront la peine de lire ces lignes. Ce n'est donc pas une étude frivole que je leur prépare, mais, si j'en crois mon désir et mon espoir, un sujet de réflexions et de perfectionnement. J'ajouterai, du reste, que l'on sera toujours libre de prendre, dans ce livre, seulement les indications qui auront pour objet les pratiques extérieures, en laissant de côté les réflexions qui les accompagnent.

Quant à ceux de mes lecteurs avec lesquels j'aurai le bonheur de me trouver en communauté de sentiments et d'opinions, ils penseront que rien n'est à dédaigner dans le sujet que je me propose, parce qu'il s'agit, non-seulement de connaître quelques usages déterminés, mais aussi de les mettre en accord parfait avec l'être moral. L'éducation du cœur est, en effet, la base principale, unique même, sur laquelle doit reposer cet ensemble d'attentions délicates et de soins bienveillants que l'on désigne par le terme général de politesse. Si le langage et les manières sont en contradiction avec les sentiments, on arrive, non à être poli, mais à jouer la comédie de la politesse; on aboutit enfin à ce que nous appellerons la fausse politesse, que l'on rencontre trop souvent, et dont nous nous occuperons seulement pour faire ressortir son insuffisance et l'incohérence de ses efforts.

II.

FORMULES D'INVITATION. — LE BAL. — RÉCEPTION DES INVITÉS. — PRÉSENTATION. — DANSES. — ORDONNANCE DU BAL.

Il n'est aucun des usages adoptés par la société qui ne soit soumis aux variations de la mode. Les changements mêmes que ces usages subissent indiquent avec précision les tendances de l'époque durant laquelle ils se produisent, et, lorsque ces tendances se trouvent en opposition avec les principes qui doivent présider aux rapports que nous entretenons avec nos semblables, on peut modifier les formes acceptées cependant, mais qui offrent l'inconvénient d'être en opposition manifeste avec le sentiment dont procède la politesse.

Ainsi, pour citer un seul exemple, il suffira d'indiquer les formules des cartes d'invitation telles qu'elles étaient autrefois, et de les rapprocher de la rédaction adoptée depuis un certain nombre d'années. Lorsqu'il s'agissait d'un bal, on envoyait une carte imprimée, ainsi conçue, dans laquelle les noms seuls étaient laissés en blanc, et remplis à la main :

*M. X... et Mme X... prient M.*** de leur faire l'honneur d'assister au bal qu'ils donneront le... à... heures.*

Aujourd'hui cette rédaction polie est changée; les cartes d'invitation sont composées dans un style bref et impératif, qui est fort déplaisant, et l'on distribue les cartes suivantes :

Monsieur et Madame X... seront chez eux le... On dansera.

Ils seront chez eux!... On est averti de cet incident important et surprenant; mais rien n'indique le désir de recevoir, et de bien recevoir ceux auxquels on adresse cette singulière formule d'invitation.

C'est que cette formule appartient à une époque où la société, rompant avec les traditions anciennes, n'a pas encore trouvé les règles qu'elle veut substituer à celles qu'elle rejette. L'aristocratie de l'argent apparaît sur la scène, occupée naguère par une autre aristocratie, et, comme son installation est fort récente, comme elle n'a pu encore polir ses mœurs et donner à ses habitudes cette mesure parfaite, ce calme discret, cette courtoisie délicate, qui appartiennent à ceux qui sont en possession d'une supériorité sociale établie par plusieurs siècles de domination, elle fait irruption sur la scène du monde avec son cortége de vanités immodérées, naïvement formulées. Elle a souffert de l'infériorité conventionnelle à laquelle la condamnaient les institutions du passé, elle aspire à faire souffrir, à son tour, tous ceux qui sont ses égaux devant la loi, mais ses inférieurs devant le dieu des richesses.

Le théâtre et la littérature ont battu ces prétentions en brèche, en employant l'arme du ridicule; le raisonnement peut, à son tour, aider la société nouvelle à polir ses angles blessants. On peut dire à ceux des enrichis qui pensent que leur fortune est un titre suffisant au respect et à la soumission de leurs contemporains, que ce titre est valable seulement pour leurs parasites; qu'il est absolument nul près de tous ceux qui possèdent l'indépendance, si médiocre qu'elle soit; qu'en un mot le sentiment que l'on désigne par le terme de *considération* s'adresse à l'individu seulement, et point du tout à ses écus, absolument indifférents à ceux qui ne tiennent pas à partager les jouissances qu'ils peuvent donner.

La considération proprement dite, c'est-à-dire l'estime, délaisse ceux qui ne possèdent pas les qualités personnelles qui désignent l'individu au respect de ses semblables, et s'attache à l'intelligence, à la distinction, à l'urbanité des manières, dénotant la bonté du cœur et la délicatesse des sentiments. Il faut donc que les riches et les enrichis se décident à payer de leur personne : il faut qu'ils se résignent à être humains, charitables, polis, intelligents; leur fortune, si considérable qu'elle puisse être, ne peut couvrir leurs travers, ni les préserver des atteintes du ridicule.

Ce raisonnement élémentaire semble avoir récemment pénétré dans quelques intelligences, et il se décèle par quelques symptômes légers, dont l'un se manifeste justement à propos du sujet qui nous occupe : les personnes qui possèdent le tact, c'est-à-dire la mesure parfaite de leurs droits et de leurs devoirs dans la société, sont revenues à l'ancienne formule adoptée pour les invitations, et rejettent absolument celle qui vient d'être blâmée à juste titre.

On adresse les cartes d'invitation quinze jours avant le bal. Cette précaution est indiquée par un soin poli et prévoyant, car il faut donner aux femmes le temps nécessaire pour faire préparer leurs toilettes. Toute invitation trop rapprochée de la date du bal impliquerait, pour ainsi dire, le désir de provoquer un refus. Quoiqu'il ne soit pas tout à fait nécessaire de prévenir que l'on n'assistera pas au bal pour lequel on a reçu une invitation, il est plus poli de répondre que l'on ne pourra user de cette invitation, et d'écrire quelques mots exprimant des regrets et des remercîments.

Les salons consacrés à la danse ne sont pas chauffés; la maîtresse de la maison attend, d'habitude, ses invités dans un petit salon chauffé. Il est absolument indispensable que tous ses préparatifs aient été faits de bonne heure; qu'elle soit coiffée, habillée, prête, en un mot, avant le moment où arriveront ses hôtes, parmi lesquels il peut se trouver quelques personnes qui devancent l'heure indiquée sur la carte. Il serait de mauvais goût d'arriver avant cette heure; mais la maîtresse de la maison serait plus blâmable encore que ses hôtes trop pressés, si ceux-ci ne la trouvaient pas à la place qu'elle doit occuper. En s'attardant, en consultant sa propre convenance, elle manquerait aux devoirs que lui impose l'hospitalité; elle indiquerait de l'indifférence et de l'égoïsme, en un mot elle serait impolie.

Le maître de la maison et quelques-uns de ses parents se placent dans le premier salon; ils offrent le bras aux dames qui arrivent et les conduisent près de la maîtresse de la maison. Quand l'affluence des invités devient trop considérable, on se rend dans le salon consacré à la danse, et, pour ne pas prolonger les encombrements, les personnes les plus rapprochées de la porte passent les premières, sans contestations, sans distinction *marquée* d'âge ou de position. Les jeunes filles et les jeunes femmes, *chaperonnées* par leur mère, par quelque parente ou amie, se placent devant leur *chaperon*.

Le grand monde parisien commence à adopter la coutume anglaise, d'après laquelle nul homme n'adresse une invitation à une femme, ou bien à une jeune fille, avant de lui avoir été présenté par un parent, par une dame ou par un ami commun. Le maître ou la maîtresse de la maison se chargent habituellement de faire cette présentation, qui, hors quelques cas exceptionnels, se borne à nommer la personne que l'on présente. Si celle-ci connaît quelque parent ou ami de la personne à laquelle on la présente, on mentionne cette particularité, qui permet d'établir la conversation en dehors du terrain des banalités. Dans toute présentation, on procède de l'inférieur au supérieur, nommant celui-là à celui-ci; or, l'homme étant toujours inférieur à la femme (dans les réunions), c'est celui-ci que l'on nommera, fût-il duc, fût-il prince, la personne que l'on présente étant toujours censée connaître le nom de la personne à laquelle elle a sollicité d'être présentée.

Mais cette coutume n'est malheureusement pas encore devenue générale. Je dis malheureusement, car elle écarte une foule d'inconvénients : grâce à elle, la mère d'une jeune fille, à laquelle on présente toujours celui qui sollicite l'honneur de danser avec celle-ci, sait qu'elle ne s'éloigne pas avec un inconnu; la conversation peut aborder d'autres sujets que la température du bal, et l'on évite cette gêne extrême qui résulte des rapports entre personnes tout à fait étrangères l'une à l'autre.

Un homme demande toujours à une femme *si elle veut bien consentir à lui faire l'honneur de danser avec lui*. Toute autre formule, et par exemple la substitution du mot *plaisir* à celui d'*honneur* serait inconvenante. La personne invitée accepte, si elle n'est point engagée; quel que soit le danseur, fût-il vieux, désagréable et même ridicule, il faut l'accepter, si l'on n'a pas d'engagement antérieur. Tout refus, si habilement déguisé qu'il puisse être, tout subterfuge peut provoquer un éclat déplorable, exposer la réputation d'une femme et la vie de ses plus proches parents. Combien de querelles suivies de duels n'ont eu d'autre origine que des refus de cette nature!

Si l'on a déjà promis la danse pour laquelle on reçoit une invitation, il faut remercier poliment, et indiquer cet empêchement. Il faut éviter de demander et même d'accepter les services des hommes avec lesquels on danse. On n'engagera jamais la conversation, et l'on se bornera à répondre avec une réserve polie. Il est de règle, dans la bonne compagnie, de ne jamais parler très-bas ni très-haut, parce que, dans le premier cas, les assistants peuvent supposer que l'on médit d'eux, et, dans le second, ils peuvent être incommodés par les discours bruyants, par les éclats de voix et les éclats de rire ; ces dernières façons impliquent de plus une sorte d'indifférence dédaigneuse pour tous ceux qui se trouvent en dehors de la coterie qui s'accorde le droit d'imposer son tapage à tous ceux qui l'entourent. Il faudra donc éviter les conciliabules de jeunes filles qui rient très-haut pour attirer l'attention, et qui se moquent de tout le monde, parce qu'elles confondent deux choses essentiellement distinctes : la moquerie est à leur sens synonyme de l'esprit; elles ignorent que l'on a dit depuis fort longtemps ceci : *La moquerie est l'esprit de ceux qui n'ont pas d'esprit.*

Lors donc qu'une jeune fille aura cessé de danser, elle rejoindra immédiatement la personne qui l'a accompagnée au bal. Autrefois son danseur lui eût donné la main; aujourd'hui il lui offre le bras pour la reconduire à sa place. Si elle rencontre des amies, elle causera avec ses compagnes, seulement dans le voisinage d'un *chaperon* respectable; en un mot elle évitera, en toute circonstance, les façons indépendantes qui la vieilliraient prodigieusement, et qui indiqueraient une éducation mal dirigée. Si une jeune fille vient au bal avec son père seulement, celui-ci la placera sous la protection d'une dame, à laquelle elle devra témoigner pendant la durée de la soirée une déférence toute filiale.

La révérence qu'une femme adressait autrefois à l'homme qui la reconduisait à sa place est passée de mode; on la remplace par un salut qui, pour être gracieux, doit se composer de l'inclinaison légère du buste, et non pas seulement de l'inclinaison de la tête; ce dernier salut est toujours sec et un peu ridicule, car il rappelle les mouvements des poupées à ressort.

Quelques femmes, agissant comme celles des jeunes filles qui confondent la moquerie avec l'esprit, pensent que la roideur constitue la dignité; elles avancent à pas lentement calculés, elles se meuvent avec la majesté qui caractérise les automates, elles laissent tomber leurs paroles une à une, elles mettent enfin à leurs actions les plus insignifiantes la triste empreinte de l'affectation. Il faut éviter cet écueil avec autant de soin que l'écueil opposé : la réserve ne doit pas plus se transformer en roideur, que la bienveillance en familiarité. Il faut se souvenir sans cesse que la distinction est incompatible avec tout excès, de quelque nature qu'il soit, et qu'elle se compose principalement de vérité et de simplicité.

On sert, après la première danse, des plateaux de sirops et de *petits-fours;* un peu plus tard des glaces, puis des boissons chaudes, punch, chocolat, thé. Lorsqu'on n'a pas préparé un souper, on organise habituellement un *buffet* ou grande table, sur laquelle on trouve, vers la fin de la soirée, des mets froids, des compotes, des sucreries, des fruits, des gâteaux et des vins. Lorsque le bal est près de se terminer, on offre sur des plateaux des tasses de bouillon.

Oserai-je engager ici les hommes à permettre que les plateaux de rafraîchissements arrivent jusqu'aux femmes sans être entièrement mis au pillage? Hélas! il le faut bien. Qui le croirait? En France, dans le pays de la chevalerie, les hommes se jettent quelquefois avec voracité sur tous les plateaux; ils dépouillent toutes les tables, ils conquièrent et défendent leur pâture à l'aide d'un argument irrésistible : la force du coup de poing.

On doit une visite à la maîtresse de la maison, quand on a reçu une invitation, et lors même que l'on n'aurait pas usé de l'invitation; cette visite se fait dans un délai de huit jours, à partir du jour où le bal a eu lieu; une carte serait insuffisante.

III.

LES VISITES. — ENVOI ET RÉDACTION DES CARTES DE VISITE. — DURÉE DES VISITES. — ÉTIQUETTE PRÉSIDANT AUX VISITES.

Les différents usages qui règlent les rapports sociaux sont, ainsi que je l'ai déjà dit, puérils seulement en apparence. Ceux-là seuls qui les considèrent comme une lettre morte, comme une démonstration vaine et vide, parce qu'elle n'est point la preuve évidente et palpable, pour ainsi dire, des bons sentiments qui doivent nous animer, ceux-là seulement peuvent blâmer ces usages, en railler l'application et l'éviter en toute circonstance où ils peuvent s'en affranchir sans nuire à leurs intérêts. Il n'est pas indifférent, en effet, de noter en passant que le dénigrement des usages polis appartient surtout aux caractères égoïstes : ce sont, en ce qui les concerne, des calculateurs excellents et infaillibles; leur échine, si inflexible lorsqu'un salut ne doit leur *rien* rapporter, acquiert une souplesse inimitable dès que leurs intérêts de vanité ou d'ambition se trouvent en jeu. Selon eux, l'impolitesse est une qualité, car elle affirme la franchise et l'indépendance...; mais ils ont soin de mettre cette qualité en réserve lorsqu'ils se trouvent en contact avec une personne qui est en situation de les servir par son influence, ou de les flatter par quelques marques d'attention.

Il est un autre écueil, de nature opposée, et qui doit être évité aussi soigneusement que le précédent. Certains caractères altiers se refusent à donner des marques de condescendance, que la différence des positions, la *hiérarchie* du monde, rendent cependant indispensables. Certaines femmes, accordant plus d'importance aux suggestions de leur vanité qu'aux avis de leur raison, ont souvent accumulé des obstacles sur la route de leur mari, et entravé sa carrière pour n'avoir pas su ou n'avoir pas voulu accorder à temps quelques marques de considération à la femme d'un fonctionnaire placé sur un degré hiérarchique plus élevé que celui occupé par ce mari, qui devenait ainsi victime de quelque rivalité féminine. Je n'entends conseiller ici, ai-je besoin de le dire?... aucun acte incompatible avec la dignité; je prétends seulement prouver à mes lectrices que le tact, c'est-à-dire la mesure, enseigne à se conduire en toute circonstance; que la réserve et la dignité indiquent le point précis où la déférence due à une position supérieure pourrait se transformer en humilité vis-à-vis de la personne, et que l'humiliation peut se rencontrer seulement si l'on dépasse ce point délicat.

La roideur et la dignité sont choses parfaitement distinctes. La première n'est que la caricature de la deuxième; celle-là croit en imposer par l'exagération et l'affectation en se montrant toujours hautaine, toujours prête à attaquer..... La deuxième songe seulement à se défendre; elle est naturelle, elle est raisonnée, elle sait qu'elle ne peut être amoindrie en se prêtant, d'une façon à la fois aimable et réservée, à donner les marques de déférence qui peuvent être commandées par la différence des positions. Si ces preuves sont mal accueillies, si l'on n'y répond pas comme la politesse et la bonté l'exigent, la dignité n'en éprouve aucune humiliation : son insuccès est humiliant seulement pour la personne dépourvue d'éducation ou d'élévation morale, qui ignore les devoirs de la réciprocité, et se prive volontairement des plus aimables qualités féminines en répondant à une politesse par une impertinence. Il est une vérité que je voudrais faire pénétrer dans l'esprit de toutes mes lectrices, parce qu'elle adoucirait les blessures des unes...., et qu'elle empêcherait peut-être quelques autres d'infliger ces blessures : l'impertinence est humiliante seulement pour la personne qui la fait..... non pour celle qui la reçoit, si celle-ci ne l'a point provoquée. Dans ce cas, en effet, l'impertinence prouve que la personne qui la commet n'a point de cœur, point d'esprit, et qu'elle n'a reçu aucune éducation. Une fortune ou une position supérieure à son mérite ont exercé une fâcheuse influence sur son cerveau trop faible.....; elle agit sous l'empire d'une ivresse...., dès lors ses paroles et ses actions n'ont aucune portée et se retournent contre elle; en leur restituant leur véritable origine, en constatant qu'elles sont la conséquence d'une sorte d'infirmité intellectuelle et morale, le ressentiment fait place à la commisération. Qu'est-ce, en effet, qu'une impertinence non méritée? Un trait qui frappe à côté, et qui ne peut atteindre le but qu'il se propose. Une personne dont le cœur et l'esprit sont bien doués, se gardera bien de supposer que la supériorité de sa position la dispense de toute politesse envers ceux que le monde désigne comme étant ses inférieurs. Elle sait que les devoirs de cette nature n'en sont que plus considérables pour elle; elle a l'amour-propre assez éclairé pour vouloir que la considération qu'on lui témoigne soit personnelle, au lieu de s'attacher uniquement à la place qu'elle occupe; par conséquent, elle fera preuve en toute circonstance, et envers tout le monde, d'une politesse aisée, naturelle, non trop exagérée, de peur de marquer une intention protectrice; elle traitera ceux qui sont ses inférieurs par leur position avec l'aménité qu'elle aurait pour ses égaux : c'est le meilleur moyen pour faire accepter et proclamer sa supériorité. Une femme en effet, fût-elle la *moitié* d'un fonctionnaire très-élevé, ne doit pas oublier qu'elle n'est pas *fonctionnaire*, que les degrés hiérarchiques ne peuvent régler sa conduite dans le monde; qu'en un mot, nulle position ne peut la dispenser de se montrer bien élevée.

Mais si elle l'ignorait ou l'oubliait? Dans ce cas, les femmes qui se trouvent forcées de suivre quelques relations avec elle devront la traiter selon ses désirs, c'est-à-dire en se bornant aux rapports quasi officiels. Elles lui enverront leur carte de visite au jour de l'an, — et lors même qu'elle ne jugerait pas à propos de reconnaître cette légère marque de politesse par un envoi analogue, elles ne s'en offenseraient pas, et renouvelleraient cette formalité lorsque cela serait nécessaire. Pourquoi s'offenser, en effet, de l'ignorance d'autrui, et comment pourrait-on se sentir froissé par des omissions qui indiquent une éducation incomplète chez la personne qui les commet?

Il est difficile de formuler des règles précises pour les visites. Chaque pays, presque chaque ville a, sur ce point, des usages particuliers. Dans certaines localités, les *derniers arrivés* attendent et reçoivent les visites des personnes établies dans la ville qu'ils viennent habiter. Il faut toujours s'enquérir de ces usages, et s'y conformer ponctuellement. Ailleurs, au contraire, les nouveaux arrivés font les premières visites, et, n'en déplaise aux mœurs locales, cet usage me semble plus sensé et par conséquent plus poli, la politesse et la raison marchant toujours de compagnie. Il vaut mieux respecter l'indépendance de chacun, et laisser aux *derniers venus* l'initiative des rapports qu'ils veulent établir et le *choix* des relations qu'ils désirent nouer.

Toute première visite doit être rendue dans les huit jours qui la suivent. Un empressement plus marqué pourrait être gênant; un retard plus prolongé serait blessant, car il laisserait supposer que l'on attache peu d'importance à cette visite. Tout en conseillant aux personnes qui la rendent d'être ponctuelles, j'engagerai celles à qui on doit la rendre à être indulgentes. Un retard peut être indépendant de la volonté, causé par une indisposition, par des occupations, par mille circonstances fortuites. Il faut accepter les excuses que l'on présentera pour légitimer ce retard, et les accueillir, même si elles sont des prétextes au lieu d'être des motifs; la susceptibilité, même la plus légitime en apparence, est presque toujours injuste, car elle est en opposition de proportion avec les causes à propos desquelles elle se manifeste. Pour se rapprocher des préceptes de l'équité, pour excuser et expliquer son ressentiment, on attribue une importance extrême à des faits d'ordre secondaire, on suppose des mobiles blessants, on veut extraire, des actes les plus indifférents, des paroles les plus insignifiantes, une collection d'intentions méprisantes, et à force de les dénaturer pour les douer de vraisemblance, on en arrive à les considérer comme étant la vérité même : de là une foule de blessures mutuelles. On oublie que l'on agit en vertu des suggestions d'une imagination maladive, et l'on veut rendre aux autres, non le mal qu'ils vous ont fait, mais bien le mal qu'on s'est fait en leur nom. Sans souffrir d'être traité avec légèreté, sans supporter un réel manque d'égards, on peut faire quelque crédit à ses semblables, et accorder à leurs défauts l'indulgence, sans laquelle les relations sociales seraient impossibles.

On fait une visite huit jours après avoir dîné dans une maison..... (et l'on se garde bien, soit dit entre parenthèse, de la désigner par les mots de *visite de digestion*)...; on en fait une également après avoir reçu une invitation pour une soirée ou un bal, lors même qu'on n'aurait pu user de cette invitation. La vie parisienne est si occupée, que les hommes ne peuvent pas toujours employer leurs matinées à ces visites obligées. Si la maîtresse de la maison reste chez elle durant une soirée de la semaine pour recevoir les personnes qu'elle connaît, on tolère que cette visite soit faite ce soir-là. Mais comme certaines personnes sont un peu rigoureuses sur le chapitre de l'étiquette, il faut connaître les caractères et les habitudes, avant d'user de cette tolérance, et si l'on n'a pas avec la maison où l'on a dîné des rapports familiers et affectueux, il vaut mieux observer strictement les lois de l'étiquette, et faire une visite dans l'après-midi. A moins de compter au nombre des amis intimes d'une famille, à Paris on ne fait pas de visites avant trois heures, ni après cinq heures et demie.

Les hommes, seuls, font des visites le premier jour de l'an; ils s'acquittent de ce devoir au point de vue officiel, en se rendant d'abord chez leurs supérieurs dans l'ordre hiérarchique, ensuite chez les femmes qui font partie de leur famille à quelque degré que ce soit, et enfin dans les maisons où ils sont reçus intimement. Les femmes reçoivent les visites et n'en font pas ce jour-là; elles se font remplacer par leurs cartes de visite. On procède toujours de la *jeunesse* à la *vieillesse*, en prenant l'initiative vis-à-vis de toutes les femmes âgées. Tout jeune ménage enverra ses cartes à un ménage plus ancien, en *prévenant* l'envoi de celui-ci. Toute famille composée seulement de femmes s'abstiendra d'envoyer des cartes dans les familles où il se trouve des hommes, jusqu'à ce que ces dernières personnes aient envoyé leurs cartes. Si l'on ne connaît pas intimement la personne qui adresse une lettre faisant part de quelque événement important, naissance, décès ou mariage, si l'on ne peut lui faire immédiatement une visite, on lui envoie une carte. Aujourd'hui les lettres de *faire part* s'échangent, même entre localités éloignées. On en accuse réception en envoyant une carte de visite par la poste.

Lorsqu'on reçoit une lettre *faisant part* d'un

mariage et contenant l'invitation d'y assister, on se rend à cette invitation; dans ce cas, on attend la carte ou la visite des nouveaux époux. Si l'on n'a pu assister à la cérémonie, on envoie une carte de visite au nouveau ménage, puis on attend sa visite avant de lui faire une visite. Le fait d'avoir assisté à la cérémonie constitue une politesse vis-à-vis du nouveau ménage, et celui-ci doit la reconnaître par une carte ou par une visite. En s'empressant de devancer les nouveaux époux, on doublerait la signification de la politesse déjà faite, et l'on agirait contre le principe qui régit toutes choses, grandes et petites, résumé par quelques mots latins que tout le monde connaît : *Non bis in idem.*

La rédaction des cartes de visite n'est point absolument indifférente. Les hommes y font graver leurs titres, leur nom de baptême suivi du nom de famille, leur grade et leur adresse. Les femmes observent plus de réserve, et livrent au public seulement leur nom de famille, sans le faire précéder de leur nom de baptême, ni suivre de leur adresse. Si la famille est nombreuse, si plusieurs femmes portent le même nom, on placera sur la carte le nom de baptême du mari, et la carte sera rédigée de la façon suivante : *Madame Ernest X....* Cette mesure, puérile en apparence, a cependant une origine marquée par un délicat sentiment des convenances. Il importe qu'une femme évite toutes les occasions de se mettre en vue, de se faire connaître par les indifférents, et il vaut mieux que son nom soit connu seulement de sa famille et de ses amis.

Il y a des visites *officielles* qui sont toujours faites par le mari et la femme à la fois. Pour ces circonstances les cartes de visite portent les deux noms ; une seule de ces cartes suffit pour la famille que l'on visite. Il est inutile d'y joindre une deuxième carte *masculine* destinée au chef de famille. Si la même maison contient deux ménages, on laisse naturellement deux cartes.

La durée des visites ne doit pas dépasser vingt minutes, à moins qu'il ne s'agisse de visites amicales. La maîtresse de la maison occupe un fauteuil près de la cheminée ; elle cédera ce siége seulement à une visiteuse dont l'âge commande les égards qui sont dus à la vieillesse. Cette considération servira aussi de règle de conduite aux femmes qui se trouvent dans le salon au moment de l'arrivée d'une nouvelle visiteuse. Si celle-ci est infiniment plus jeune que la personne la plus rapprochée de la cheminée, on ne dérangera pas le cercle; dans le cas opposé, on lui cèdera invariablement la *place d'honneur* près du feu. En général, le savoir-vivre impose le simulacre de cette offre, à peu près vis-à-vis de toutes les personnes qui arrivent; mais, d'autre part, il enseigne à celles-ci qu'il ne faut pas user de cette offre, et que l'on doit éviter de déplacer quelqu'un. Il n'y a qu'une exception de *droit*, celle que j'ai indiquée tantôt : une vieille femme acceptera toujours la place qui lui sera offerte par une femme plus jeune. Toutes ces marques de politesse doivent être échangées sans affectation, et l'on ne doit jamais les faire dégénérer en lutte; si une femme âgée refuse d'user des prérogatives que sa vieillesse lui confère, si elle insiste pour refuser la place qu'on lui offre, il faudra se soumettre à sa volonté, et, dans ce cas, on lui donnera une nouvelle marque de déférence; mais il y aura plus de véritable dignité de sa part dans l'acceptation pure et simple, polie et reconnaissante, cependant, de l'offre qu'on lui fait.

En général, et pour éviter d'encombrer un salon, dès que l'on introduit une visiteuse, celle qui figure dans le cercle depuis le plus long espace de temps prend congé de la maîtresse de la maison. Les réceptions parisiennes à jour fixe ont établi cet usage, qui, ailleurs, n'est point rigoureusement observé.

Les jeunes filles n'ont point de cartes de visite; elles écrivent leur nom au crayon sur la carte de leur mère ou sur celle de leur père, si celui-ci les accompagne seul. Elles éviteront de prodiguer les poignées de main, et attendront à ce sujet que la maîtresse de la maison prenne l'initiative. S'il y a des jeunes filles dans la famille qu'elles visitent, elles échangeront le serrement de main usité aujourd'hui; si ces jeunes filles ont des frères, et si ceux-ci sont bien élevés, ils se garderont bien de tendre cavalièrement et familièrement la main aux jeunes visiteuses, et l'on se bornera, de part et d'autre, à échanger un salut poli.

IV.

LA CONVERSATION. — LES IMPORTANTS. — LA CONTRADICTION. — LES DÉMENTIS.

On ne s'attend pas sans doute à trouver ici un vocabulaire complet, rangé par demandes et réponses, et contenant les divers sujets traités dans la conversation, accompagnés des diverses formules que le bon goût approuve, et de l'indication de celles qu'il rejette. Un semblable travail serait aussi puéril qu'inutile, car les règles qu'il contiendrait ne trouveraient jamais leur application; on peut indiquer seulement d'une façon générale quelques-uns des écueils qu'il est important d'éviter, puis confier au bon sens le soin des applications particulières et des conséquences rigoureuses.

Dans chaque règle de la politesse on trouve, lorsqu'on veut bien prendre la peine de l'y chercher, le germe ou bien le développement d'une vertu. C'est ainsi que l'amour du prochain, nous engageant à nous occuper d'autrui plutôt que de nous-mêmes, se traduit, dans les relations sociales, par le soin de rejeter dans l'ombre nous et nos propres intérêts, pour nous occuper presque exclusivement des autres et des sujets qui les intéressent. On m'objectera peut-être que, si ce précepte était rigoureusement suivi par tout le monde, les sujets de conversation seraient bien rares. Hélas! ce résultat n'est guère à redouter; entre deux personnes polies, il en est toujours une qui est plus polie que l'autre; celle-là est disposée à faire les sacrifices, celle-ci les impose, les exige, les accepte comme étant fort naturels et constituant l'un de ses droits. En un mot, il est rare, pour ne pas dire impossible, que deux caractères soient animés de la même bonté, et, par conséquent, que deux personnes soient également polies.

On évitera donc de parler de soi, je ne dis pas exclusivement, car cela serait intolérable, mais même longuement. On se souviendra que les incidents qui se rapportent à nous, à nos goûts, à nos sentiments, ne peuvent inspirer à autrui le degré d'intérêt qu'ils font naître en nous; et, si notre égoïsme nous induisait en erreur sur ce point, il faudrait le refréner, en se souvenant à temps que l'égoïsme des autres doit trouver ce genre de conversation parfaitement insipide. Cependant une réserve absolue sur ce point serait incivile, en ce sens qu'elle impliquerait une connaissance trop approfondie du cœur humain. Il faut parler peu de soi, pour éviter d'ennuyer ceux qui nous écoutent; mais il faut en parler un peu, afin qu'une abstention trop rigoureuse sur ce point ne révèle trop clairement les motifs qui causent notre silence, c'est-à-dire la crainte de rencontrer chez les autres la personnalité et l'indifférence cachées sous un vernis de dévouement et de bienveillance.

Chacun a pu rencontrer, comme moi, des personnes intelligentes, douées de qualités incontestables, et qui se trouvaient en possession du funeste privilége de déplaire universellement; leur attitude, leur langage, leurs intonations même, tout en elles heurtait, froissait, blessait ceux avec lesquels ces personnes se trouvaient en contact. C'est qu'elles appartenaient à la race des *importants* : or l'important est toujours incivil, parce qu'il est toujours égoïste et infatué de son mérite ; il entreprend toujours de vous prouver que vous ne savez ce que vous dites, soit que vous formuliez un éloge ou une critique ; il juge ironiquement les noms les plus célèbres, parce qu'étant, selon lui, apte à tout, il se dit toujours qu'il eût dépassé, s'il l'avait voulu, tous ceux qui se sont élevés au-dessus de la foule. Il s'est composé, pour son usage particulier, une sorte de collection dans laquelle il place tous les talents contestés, les littérateurs extravagants, les peintres obscurs, les musiciens restés à mi-chemin de la célébrité ; il les pose sur un piédestal, il leur voue un culte, il les admire avec acharnement, il les impose avec emportement, parce que ces réputations créées par lui sont, en quelque sorte, *siennes*, parce qu'il a tout au moins le mérite de les avoir découvertes et signalées. Hors de là, il n'existe rien, et l'*important* exprime sans détour, comme sans politesse, sa pitié pour le crétinisme de ceux qui éprouvent d'autres admirations.

Ce défaut, léger si on le juge au point de vue

de la morale, est capital dans nos relations avec nos semblables. C'est justement parce que nul n'est dépourvu d'une dose plus ou moins forte de vanité, qu'une vanité trop franchement accusée est considérée comme l'ennemi public : chacun se trouve blessé par les airs dominateurs que l'*important* prend dans la conversation; chacun se met en garde pour défendre ses propres convictions, auxquelles on prétend substituer d'autres convictions; chacun se trouve en état de légitime défense, et la conversation, au lieu d'être un tournoi où l'on combat de part et d'autre à armes courtoises et émoussées, n'est plus qu'un duel acharné, ou bien une mêlée tumultueuse. Les qualités, l'intelligence que l'*important* peut posséder, disparaissent aux yeux de ses adversaires, parce qu'il les estime trop haut, et qu'il prétend à une trop grande supériorité. On est toujours disposé à refuser des éloges, même mérités, à ceux qui croient mériter tous les éloges.

Il faut donc, pour être poli, pour être aimable, mieux encore, pour être aimé, il faut combattre en soi les suggestions de l'amour-propre, et *se résoudre* à reconnaître quelque intelligence chez ses semblables, en respectant scrupuleusement l'indépendance de cette intelligence. La solitude se fait peu à peu autour des esprits absolus et tyranniques, non parce qu'ils ont des convictions arrêtées, non parce qu'ils se croient en possession de la *vraie* vérité (chacun pense ainsi, à peu de chose près), mais parce qu'ils prétendent imposer à autrui leurs propres convictions; parce que, tout en défendant leur indépendance, ils attaquent l'indépendance des autres. C'est cette iniquité qui révolte les consciences, qui éveille la défiance, et qui met chacun sur la défensive. L'emportement même, auquel les esprits tyranniques font trop souvent appel, dessert leur cause au lieu de l'aider; la violence n'a jamais fait de prosélytes, car, si l'esprit humain consent à être persuadé, il se refuse absolument, obstinément à être conquis.

La réflexion nous apprend ces vérités; la politesse nous enseigne à les mettre en pratique, afin de donner à nos rapports avec nos semblables ce caractère d'aménité qui ne peut se séparer du plaisir que leur compagnie peut nous causer. Du moment où toute notre estime, toute notre admiration, se concentrent uniquement sur notre propre personne, nous devenons éminemment impropres à vivre avec nos semblables. Toute réunion voit naître un combat; la discussion, au lieu de se renfermer dans les formes bienveillantes auxquelles elle doit d'animer la conversation sans l'agiter et sans l'aigrir, dégénère en contradiction systématique, et celle-ci, grâce à la loi qui préside à l'accélération du mouvement, se transforme inévitablement en cette détestable habitude de donner des démentis.

Arrêtons-nous un moment sur ce dernier mot. Le démenti est en effet l'une des formes les plus blessantes que puissent revêtir la vanité et l'infatuation; c'est une arme brutale qui détruit, non le fait que l'on dément, mais toute sympathie pour celui qui emploie cette formule méprisante. A part les cas où il s'agirait de défendre l'honneur d'une personne injustement attaquée, le démenti doit être soigneusement évité, car il constitue une injure sanglante, en mettant en doute la véracité, la probité ou le jugement d'autrui; il proclame sans équivoque, chez celui qui le prononce, une inadmissible prétention à l'infaillibilité, et établit du même coup, sans vergogne, la faillibilité des autres; même dans les cas les plus graves, pareils à celui que je citais plus haut, une personne bien élevée s'abstiendra de formuler un démenti trop direct. Sans permettre que l'on compromette légèrement l'honneur de l'un de ses semblables, si l'on a la certitude que l'accusation est injuste, on pourra mettre en doute l'exactitude des données sur lesquelles on établit un jugement défavorable, mais en se préservant d'aggraver la portée de cette dénégation par des personnalités offensantes; en un mot, il faut se renfermer soigneusement dans la défense, conduire celle-ci avec énergie, mais avec politesse, et se préserver de dépasser la limite qui la sépare de l'attaque, sous peine de tomber dans l'excès que l'on combat.

Il importe aussi d'éviter ces intonations tranchantes, dominatrices, qui suffisent parfois pour faire naître l'antipathie et provoquer l'éloignement. Le son de voix le plus naturel à une jeune fille, à une femme, est doux, modeste, un peu voilé; les défauts opposés à ces qualités sont souverainement déplaisants, car ils dénoncent hautement des prétentions vaniteuses, le désir de primer et d'attirer l'attention. On l'attire en effet, grâce à ce ton acerbe, à ce verbe élevé, qui se produisent trop souvent; mais il faudrait se souvenir que l'attention n'est pas toujours bienveillante, et aussi que les prétentions, de quelque nature qu'elles soient, excitent inévitablement la critique et le blâme; mais j'ai grand'peur que ce dernier argument, si irréfutable qu'il soit, n'aille contre le but que je me propose. Aujourd'hui, en effet, il est un certain nombre de femmes qui préféreraient encore le blâme à l'inattention, du moins si l'on en juge d'après les moyens qu'elles emploient pour se faire remarquer, pour éviter de passer inaperçues.

On a beau faire, cependant, on ne changera pas le cœur humain de place, et, s'il déserte à certaines époques le culte des bons sentiments pour sacrifier aux idoles, ses erreurs sont essentiellement éphémères, malgré ce qu'en peuvent penser quelques *femmes à la mode*, et celles qui aspirent à cette *dignité*; le plus grand charme d'une femme sera toujours de *passer inaperçue* dans la vie comme dans la conversation. Il sera toujours déplaisant d'entendre une femme intervenir en termes brefs et cassants, s'exprimer avec ce ton absolu qui appartient aux oracles, imposer en un mot son avis comme étant le seul juste, le seul bon. Quand on songe que Montaigne évitait les décisions absolues, et qu'il *donnait son avis, non comme bon, mais comme sien!* Mais n'en est-il pas toujours ainsi? l'humilité de cœur, la méfiance de soi-même, le respect d'autrui, n'accompagnent-ils pas toujours le vrai mérite?

Ainsi, pour nous résumer, nous trouvons, en cherchant avec bonne foi, que la déférence envers les opinions opposées aux nôtres, mais qui ne cherchent pas à s'imposer à nous, que le choix des sujets ayant un intérêt général, que l'abstention rigoureuse de toute agression, président toujours à la conversation des personnes bien élevées... et ne se rencontrent pas dans la conversation des intelligences dépourvues de bonté et d'équité. Il est une règle générale à laquelle se reconnaîtront toujours les personnes douées de mérite, et, par conséquent, de politesse : en toute circonstance, ces personnes seront plus préoccupées de leurs devoirs que de leurs droits; celles qui n'auront reçu qu'une éducation imparfaite seront, au contraire, toujours disposées à s'exagérer leurs droits, et à perdre de vue les devoirs qui incombent à chacun de nous.

Il est un autre point qui me semble délicat à indiquer, parce qu'il relève, non plus de l'équité rigoureuse, mais plutôt de la générosité du caractère. Il arrive souvent que l'on rencontre en ce monde des personnes si naïvement égoïstes, qu'elles ne peuvent pas même admettre la possibilité de *paraître* s'intéresser un moment à tout ce qui ne les concerne pas directement, à tout ce qui ne se rattache pas étroitement au sujet qui gouverne leurs pensées; elles écouteront avec un air indifférent, détaché, ennuyé même, tant que la conversation ne viendra pas rejoindre, par quelque détour, le point auquel leur attention s'est exclusivement vouée : mais, dès qu'elles peuvent saisir leur *dada*, elles l'enfourchent et chevauchent jusqu'à perdre haleine, sans se demander un seul moment si elles ne font pas éprouver aux autres l'incommensurable ennui qu'elles-mêmes ont ressenti naguère, et qu'elles n'ont pas pris la peine de déguiser par bienveillance. Ces personnes sont de bonne foi; elles ne pensent pas un seul moment que l'on puisse être indifférent pour le sujet qui les intéresse; en un mot, elles ne connaissent en philosophie que le *moi*, et n'ont jamais pu obtenir de leur intelligence qu'elle acceptât le *non-moi*.

Dans ce cas, faut-il leur appliquer rigoureusement la loi du talion? Faut-il se conformer à l'équité, qui exige la mutualité des concessions? Ainsi que je le disais tantôt, la politesse ne saurait décider sur ce point, car il appartient seulement à la bonté de consentir aux sacrifices dont on ne saura aucun gré, de donner sans compter, d'accorder son intérêt même à ceux qui sont incapables de reconnaître ce don par un don égal. Lorsqu'on se trouve en face de personnes bien élevées, la politesse est un échange. Lorsqu'il s'agit de cette variété de l'espèce humaine chez laquelle l'égoïsme étouffe l'équité et la bonté, la politesse est un don : les cœurs généreux ne sauraient hésiter.

Si, des considérations générales, nous descendons à quelques recommandations particulières, nous trouverons que le bon goût réprouve certains termes comme étant familiers ou vulgaires; mais ne semblera-t-il pas puéril de les signaler ici et de paraître ainsi supposer qu'ils puissent être usités? En y réfléchissant, je trouve cependant que quelques jeunes filles, privées de leur mère, peuvent se laisser entraîner par l'exemple, et donner lieu de supposer qu'elles ignorent ces règles essentielles.

On n'adressera jamais la parole à un homme ou à une femme en plaçant leur nom de famille après le mot de *Monsieur* ou de *Madame*, à moins qu'il ne s'agisse incidemment d'appeler leur attention dans une réunion nombreuse. En revanche, on ne demandera jamais à une femme des nouvelles de *Monsieur* en lui parlant de son mari, ni à celui-ci des nouvelles de *Madame*, sans ajouter leur nom de famille. Il est superflu d'ajouter qu'on ne demandera jamais à un homme des nouvelles de *sa dame* ou de *sa demoiselle*, cette façon de parler ne signifiant rien du tout, hors de l'office, où les domestiques peuvent parler de *leur dame* et de *leur demoiselle*. Si une dame vient adresser la parole à une jeune fille assise, celle-ci se lèvera toujours pour lui répondre, et ne reprendra pas son siége tant que son interlocutrice restera debout, à moins que celle-ci ne l'exige *absolument;* dans ce cas elle obéira, l'obéissance étant la plus incontestable marque de politesse, si nous en croyons un grand connaisseur en cette matière. On se souvient que l'on avait vanté à Louis XIV l'extrême savoir-vivre d'un nouvel ambassadeur; voulant l'éprouver, le roi emmena lord S... à la chasse, et, au moment de prendre place dans sa calèche, il le fit passer devant lui, en lui disant : *Montez, monsieur l'ambassadeur*. Lord S... ne se le fit pas dire deux fois; au lieu de se retirer humblement, d'engager un débat pour décliner l'énormité de l'honneur qui lui était fait, il se borna à obéir aveuglément, transformant ainsi l'invitation qu'il recevait en un ordre qu'il ne lui était pas même permis de discuter. Le roi, qui était l'homme le plus poli de l'univers, ne s'y méprit pas, et il dit en souriant : « Lord S.., est véritablement bien élevé. »

V.

LES INVITATIONS POUR DÎNERS. — EXACTITUDE. — DISTRIBUTION DES PLACES. — LE DÎNER. — LES ABLUTIONS.

Les invitations pour dîners se font par cartes imprimées lorsqu'il s'agit d'un dîner de cérémonie; dans ce cas, la formule que l'on adopte est exactement pareille à celle qui a été indiquée dans l'article II de la *Civilité*. Ces invitations se font par écrit si le dîner est moins cérémonieux, verbalement s'il s'agit de réunir quelques convives faisant partie de l'intimité.

Dans tous les cas, on indique l'heure du dîner, et les personnes invitées ne doivent, sous aucun prétexte, manquer d'observer l'exactitude la plus scrupuleuse. Si les convives arrivaient avant l'heure prescrite, ils risqueraient d'entraver quelques préparatifs de ménage ou de toilette. L'incivilité serait plus inexcusable encore s'ils arrivaient après l'heure indiquée. On a dit, en vers et en prose, qu'*un dîner réchauffé ne valut jamais rien;* mais cette considération, si importante qu'elle soit pour les maîtres de la maison et pour quelques-uns de leurs convives, n'est point la seule qui milite en faveur de la ponctualité. En arrivant trop tard, on semble indiquer une sorte d'indifférence pour les convenances d'autrui, et l'on professe du même coup l'égoïsme le plus incompatible avec les relations sociales. On a été retardé par un caprice, par le désir de prolonger une promenade, par une lecture attachante... Quel que soit le motif allégué, à moins qu'il n'appartienne aux cas de force majeure, ce motif est toujours incivil, parce qu'il implique la préférence donnée aux goûts particuliers de ceux qui sont en retard sur la déférence due à autrui. Quelle que soit la qualité d'une personne, elle ne peut jamais se permettre d'imposer sa loi à une réunion et de soumettre celle-ci à ses vues particulières. J'ajouterai même qu'une position élevée commande une politesse encore plus rigoureuse, et qu'en conférant plus de droits, cette position impose plus de devoirs qu'à un simple particulier. Dans ce cas, en effet, l'absence de politesse équivaut à un abus de force; car l'individu qui commet une incivilité est à l'abri des rèprésailles, du moins de la part du plus grand nombre de ceux qui supportent cette incivilité : elle dénote, par conséquent, un manque total de générosité et de délicatesse.

L'inexactitude, quelles que soient les circonstances dans lesquelles elle se produit, est, du reste, le fléau de la vie intérieure comme de la vie sociale; elle procède de la déraison et aboutit au désordre. Il est inutile de lui chercher des excuses dans le nombre et la complication des occupations que l'on peut avoir, car ce sont justement les gens occupés qui sont exacts. La nécessité de suffire à leurs travaux les conduit à découvrir que la meilleure voie pour atteindre leur but est précisément l'exactitude, c'est-à-dire l'ordre; ils savent tenir leurs engagements, parce qu'ils prennent seulement ceux auxquels ils pourront satisfaire; ils ne font point de promesses téméraires; ils n'attendent pas au dernier moment pour les tenir, parce que le présent, chez eux, est toujours employé à préparer l'avenir; leur vie n'est point livrée aux hasards de l'imprévu, et leurs actions sont soumises à des règles exactes qui ne sont pas purement superficielles.

Dussé-je être accusée de pousser à l'extrême les conséquences d'un raisonnement, je dirai, parce que l'expérience m'y autorise, que les personnes affligées d'une inexactitude permanente et incurable, portent ce même principe dans les actes les plus graves. L'inexactitude dérive infailliblement, nous l'avons vu, du désordre, de la légèreté et de l'égoïsme, réunis ou séparés. Ces causes produisent leurs effets inévitables lorsqu'il s'agit de l'administration d'une maison ou d'une fortune, comme lorsqu'elles s'appliquent à de simples rapports sociaux; et... ne l'oublions jamais... le désordre est haïssable, non pas seulement par la gêne qu'il introduit dans l'existence, mais encore parce qu'il conduit fatalement, tôt ou tard, à écarter tout scrupule et à détruire toute délicatesse de conscience.

Cette digression n'est point absolument étrangère à mon sujet. Mes lectrices se souviennent peut-être que je me suis proposé, en écrivant ce livre, de rattacher chacune des règles qui régissent la politesse à des principes dérivant directement de la morale. Cette origine est partout visible, et donne, si je ne me trompe, une importance plus grande à tous les détails que l'on serait disposé à considérer comme puérils et à traiter comme tels, si l'on ne prenait la peine d'étudier leur provenance.

On arrivera donc ponctuellement à l'heure qui aura été indiquée, et les maîtres de la maison, ponctuels comme leurs hôtes, se trouveront prêts à recevoir ceux-ci. *Le* ou *la* domestique ne viendra pas dire que la *soupe est sur la table*, mais annoncera que *madame est servie*. La préséance appartient toujours aux femmes : il semble donc plus convenable que le maître de la maison, donnant le bras à une femme, passe avant la maîtresse de la maison donnant le bras à un homme; mais il n'y a pas à cet égard de règle absolue, et nous adopterons le procédé employé par l'Académie, lorsque, dans les cas douteux, elle avoue que *l'un et l'autre se disent*. L'un et l'autre se font; on peut, par conséquent, choisir sans inconvénient la combinaison que l'on préfère.

A l'égard des places qui doivent être occupées par les convives, il y a bien des nuances à observer. On considère comme *places d'honneur* celles qui se trouvent à droite et à gauche du maître et de la maîtresse de maison ; il est évident dès lors que ces places doivent revenir aux deux femmes et aux deux hommes les plus âgés de la réunion. Cependant il peut arriver que ces personnes soient plus familières que d'autres convives plus jeunes : dans ce cas, à moins que l'on ne craigne de blesser des susceptibilités connues, en dépossédant de ces places ceux qui sont habitués à les occuper, on les consacrera aux personnes les plus *étrangères*, c'est-à-dire à celles qui, connaissant seulement les maîtres de la maison, seraient isolées et réduites presque au mutisme si on leur donnait des inconnus pour voisins. S'il se trouve dans la réunion un ecclésiastique, quel que soit son rang dans la hiérarchie cléricale, la première place (à droite de la maîtresse de la maison) doit lui être attribuée ; dans toutes les réunions diplomatiques, le nonce du pape a, *de droit*, le pas sur tous les ambassadeurs.

Pour placer convenablement les autres convives, il faut deviner les affinités qui existent entre eux, l'attrait mutuel que la conversation peut leur offrir, et se régler sur ces sympathies plus ou moins accusées qu'une maîtresse de maison doit connaître. Il serait maladroit de rapprocher des personnes qui ne se connaissent pas, ou d'infliger à un homme d'esprit le voisinage d'un sot ennuyeux, à un homme sérieux la compagnie d'une personne frivole et ignorante. C'est à l'observation de ces nuances, par conséquent à l'observation des différences de caractère, qu'un dîner devra tout l'agrément qu'il peut offrir.

Pendant toute la durée du repas, les hommes placés près des femmes doivent rendre à leurs voisines tous les petits services qui éviteront à celles-ci toute gêne et tout effort; ils verseront dans les verres l'eau et le vin, ils s'acquitteront de tous ces soins avec d'autant plus d'empressement qu'une femme bien élevée ne peut en aucun cas les réclamer. S'il s'agit en effet d'atteindre un objet éloigné, les femmes y renonceront, ou s'adresseront à un domestique, sans jamais demander un service de cette nature à leurs voisins, à moins que ceux-ci ne soient des amis.

En s'asseyant à table, on pose sur ses genoux la serviette à moitié dépliée ; on procède aussi silencieusement que possible à l'absorption des aliments, en se gardant bien de parler lorsque la bouche est pleine, de nettoyer son assiette avec des morceaux de pain, et de demander à haute voix quelque objet omis dans le service de la table. Ces recommandations me semblent bien puériles ; elles ne sont pas cependant inutiles, si l'on en juge d'après quelques individus chez lesquels la personnalité est si considérable, qu'ils semblent être absolument incapables d'acquérir un certain degré de politesse émanant de la bienveillance, de l'abdication de tout égoïsme, de la préférence donnée aux autres sur soi-même. Il est impossible, en effet, qu'une personne extrêmement égoïste, très-infatuée de son mérite, très-persuadée de sa supériorité, sache être parfaitement polie ; son outrecuidance se révélera par mille détails imprévus, parfois risibles, et établira, en toute circonstance, cette singulière doctrine personnelle qui consiste à se croire dispensé, de par une supériorité évidente seulement pour celui qui croit la posséder, de tous les devoirs grands et petits qui constituent l'ensemble de la vie sociale. Tel homme, au lieu de s'occuper de ses voisines, prétendra se faire servir par elles; tel autre choisira sans façon la meilleure place du salon; tel autre fera la leçon aux personnes chez lesquelles il se trouve, blâmera le menu du dîner, la cuisson des plats, réprimandera les domestiques s'il découvre une négligence quelconque dans leur service. Si outrés que soient ces caractères, ils ne sont pas invraisemblables; ce ne sont pas des caricatures, ce sont des portraits que j'indique sommairement à mes lectrices. Ceux qui se rendent ainsi coupables du crime de lèse-politesse blâmeraient chez autrui des procédés semblables, mais ils les trouvent légitimes chez eux, parce qu'ils se considèrent de bonne foi comme étant tout à fait en dehors de la mesure commune. De plus, leur sens étant faussé par la vanité, ils sont persuadés que ces façons les désignent à l'attention générale, et les marquent du sceau particulier qui distingue les hommes délicats; ils ignorent complétement que l'unique résultat obtenu par ces manifestations est leur classement définitif parmi les gens mal élevés.

Deux écueils opposés doivent être également évités : il faut se garder de manger avec avidité, comme de s'abstenir dédaigneusement de toucher aux mets offerts. Le deuxième écueil est plus fâcheux encore que le premier, parce que l'abstention systématique semble indiquer une certaine méfiance et un dédain très-positif. Dans ce cas encore la vanité fait fausse route, comme toujours : on espère prouver que l'on est habitué à une chère fort délicate, et l'on démontre seulement que l'on manque de savoir-vivre.

On emploie à la fois sa fourchette et son couteau, sans jamais porter ce dernier à sa bouche. Si l'on sert le dîner *à la française*, c'est-à-dire si l'on découpe les volailles et les viandes sur la table ou dans la salle à manger, et que l'on serve chaque convive isolément, un homme n'acceptera pas son assiette avant que ses deux voisines soient servies. Si au contraire le dîner est servi *à la russe* ou bien *à l'allemande*, c'est-à-dire si le dessert seul figure sur la table, tandis que les mets découpés à l'avance sont offerts *à la ronde*, les hommes ne troubleront pas le service de la table en s'obstinant à faire présenter le plat d'abord aux femmes; ils se serviront à leur tour lorsque le domestique leur offrira les mets. En aucun cas, il ne peut être permis de toucher aux aliments *avec la main;* si on ne peut les séparer avec la fourchette et le couteau, on les abandonnera.

A l'issue du repas, on place devant chaque convive un bol rempli d'eau tiède; oserai-je supplier les personnes qui observent cet usage de propreté..... un peu malpropre, de vaquer en silence à cette opération? Il ne faut pas *se laver* les mains ni se rincer la bouche bruyamment; on se borne à mouiller le bout des doigts, à passer un peu d'eau dans sa bouche, on la rejette en rapprochant le bol autant que possible de son visage, on s'essuie enfin soit avec les petites serviettes de dessert, soit avec la serviette que l'on a eue pendant le dîner. Ces puérilités ont leur raison d'être : il serait souverainement déplaisant de voir répandre sur la table l'eau qui a servi à ces ablutions, d'assister aux gargarismes d'un individu qui prendrait au sérieux l'opération dont il s'agit seulement de faire le simulacre.

On ne porte plus de *toasts;* cette vieille coutume s'est conservée dans quelques maisons, mais seulement dans l'intimité. En tout cas, il faut en laisser l'initiative au maître du logis.

Il est rare que les jeunes filles boivent du vin; lors même qu'elles en mettent dans leur eau, elles s'abstiennent complétement de boire des vins étrangers.

Il serait difficile d'énumérer ici tous les incidents les plus insignifiants qui peuvent se produire dans le cours d'un repas, mais on peut y suppléer en recommandant à tout le monde les égards et les soins mutuels. Penser à autrui en toute circonstance avant de penser à soi; éviter à ses voisins tout acte, tout mouvement qui pourrait leur être déplaisant, telles doivent être les constantes préoccupations des personnes qui composent une réunion; le dévouement est en effet la source de toute politesse véritable.

Lorsque le dîner est terminé, la maîtresse de la maison se lève la première; elle prend le bras de l'un de ses voisins de table, soit celui qui l'a déjà conduite, soit l'autre qui a été placé à gauche, si elle veut faire une part égale dans les *honneurs* qu'elle rend. Cette fois, comme lorsqu'il s'agissait de passer dans la salle à manger, elle s'abstiendra de désigner trop directement le convive auquel elle désire donner le bras; elle se tournera vers lui et lui adressera une légère inclinaison de tête. Si cependant cela ne suffisait pas, elle pourrait ajouter quelques mots à cette invitation muette, et lui demander de la reconduire au salon.

Parmi les personnes qui savent observer les formes extérieures de la politesse, il s'en trouve cependant qui méconnaissent la base sur laquelle elle repose; celles-là ne manqueront pas, dès qu'elles auront quitté leurs hôtes, de critiquer l'hospitalité qu'elles ont reçue, de médire de l'ordonnance de la table, de blâmer le menu et de condamner les vins. Je n'ai pas besoin de dire ici que cette habitude, qui n'est parfois qu'un travers de l'esprit, dénote un manque absolu de délicatesse, et dénonce immanquablement une organisation vulgaire.

On passe toujours la soirée dans la maison où l'on a dîné; un cas de force majeure peut seul dispenser de cette obligation, et l'on aura eu le soin d'en avertir la maîtresse de maison et de prendre en quelque sorte sa permission pour la quitter.

VI.

LES JEUX. — LES MAÎTRESSES DE MAISON. — LES FEMMES JOUEUSES. — LES JOUEURS MAL ÉLEVÉS. — LA POLITESSE AU FOYER DOMESTIQUE. — LA POLITESSE ENVERS LES DOMESTIQUES.

Dans la plupart des réunions actuelles, quelle que soit leur dénomination, soirées intimes, soirées dansantes, ou bals, il se trouve toujours des tables de jeu autour desquelles un certain nombre d'invités viennent prendre place.

Une maîtresse de maison qui connaît ses devoirs ne souffrira jamais que des jeux de hasard s'établissent chez elle. Il est difficile, pour ne pas dire impossible, que le dépit causé par la perte, l'ivresse due au gain, ne dégénèrent pas tôt ou tard, surtout à notre époque, en discussions plus ou moins vives, qui communiquent immédiatement au salon le plus honorable tous les caractères extérieurs d'une maison de jeu. L'interdiction doit donc être formelle, absolue, si l'on veut éviter les suites fâcheuses que peuvent entraîner les émotions de la perte, combinées avec l'impolitesse si répandue aujourd'hui.

Si l'on tient à rendre parfois un service léger, mais fort apprécié, on saura jouer le whist, afin de pouvoir, lorsque l'occasion s'en présentera, remplacer un *partenaire* absent. On remplira son rôle avec bonne grâce, lors même qu'on ne prendrait pas un vif intérêt au jeu, et l'on aura soin de ne pas laisser supposer qu'on accomplit un sacrifice en se prêtant au plaisir d'autrui. La maîtresse de la maison, de son côté, doit connaître les goûts de ses hôtes, et se garder de leur imposer un ennui, en les obligeant à prendre part aux jeux qui ne leur conviennent pas; cette tyrannie serait d'autant plus inexcusable, qu'on l'exercerait chez soi, c'est-à-dire dans des conditions qui ne permettraient pas de s'y soustraire immédiatement, en opposant un refus aux instances des maîtres de la maison. Ceux-ci oublient trop souvent qu'ils doivent se plier aux goûts de leurs hôtes, au lieu de leur imposer leurs goûts particuliers. S'effacer en toute circonstance, se révéler seulement par une constante sollicitude, ayant pour but la satisfaction des personnes que l'on reçoit : tel doit être, en peu de mots, l'*idéal* dont une maîtresse de maison doit toujours essayer de se rapprocher. C'est justement en s'oubliant elle-même, en veillant sans affectation à éviter tout ennui à ses hôtes, en s'appliquant à leur donner les distractions qui leur conviennent, en faisant, en toute circonstance, abstraction de ses goûts, en sachant supporter l'ennui, en en préservant les autres, en sacrifiant ses amusements, lorsqu'ils n'amuseraient pas son entourage, qu'une femme devient l'âme d'une réunion, le lien qui rassemble un certain nombre de personnes; on trouve près d'elle la paix, les dispositions bienveillantes, les sentiments délicats et généreux qui se traduisent par mille soins discrets, et sa compagnie devient indispensable pour ceux qui en ont apprécié les agréments.

En regard de cette esquisse, dans laquelle il est donné à toutes les femmes de trouver leur image ressemblante, placerai-je le portrait de la femme égoïste, et, par conséquent, incivile? Le besoin de dominer, le désir de primer, l'ont portée en toute circonstance à abuser de sa force, à vouloir plier à sa guise tous ceux qui ont passé le seuil de sa demeure ; elle a voulu imposer sa loi..... Tous l'ont repoussée et se sont affranchis de sa tyrannie; si elle est riche, elle aura quelques complaisants, des flatteurs intéressés, mais elle n'aura jamais d'amis, pas même des personnes disposées à lui accorder quelques sentiments bienveillants. Sa personnalité âpre et absorbante a tout stérilisé autour d'elle, et son égoïsme lui a apporté le sévère châtiment qui marche à sa suite, c'est-à-dire la solitude complète, l'indifférence de tous ses semblables, juste retour de l'indifférence qu'elle leur a témoignée. Elle a voulu être *tout*..... elle n'est *rien*, parce qu'elle a ignoré, méconnu ou repoussé la loi qui enseigne à toutes les femmes que leur seul rôle ici-bas, dans la famille comme dans la société, est le dévouement sous toutes les formes; tous les sentiments, toutes les tendances qui ne se rattachent pas directement à ce grand, à cet unique moteur de l'existence féminine, entraînent les femmes hors de leur voie, et les jettent, sans boussole et sans guide, dans les chemins désolés. Ces vérités ne sauraient être répétées trop souvent, même à cette place, car une femme égoïste est blâmable, non-seulement au point de vue de la morale, mais aussi à celui de la *civilité*.

On voit aujourd'hui un grand nombre de femmes joueuses; il m'est pénible d'avoir à constater ce fait, mais je ne saurais m'en dispenser sans laisser une lacune dans mon sujet. Les femmes *joueuses* sont en effet presque toujours inciviles; elles se livrent à cette distraction avec l'emportement, avec la passion qui caractérisent ceux de leurs goûts non réglés par la raison; c'est justement parce que cette pente est glissante, parce qu'on est facilement entraîné par la passion du jeu à des manifestations violentes, que le bon goût, toujours d'accord avec la morale, condamne sévèrement les femmes qui se livrent aux jeux de hasard. Ces lois sont souvent méconnues à notre époque, et l'on voit des femmes suivre pendant une nuit entière les péripéties du lansquenet ou du baccarat. En les condamnant, il ne faut pas oublier de les plaindre; si elles avaient de l'esprit ou du cœur, elles trouveraient à faire un autre emploi de leur temps et de leurs facultés. Oisives, frivoles, ignorantes, elles demandent à ces émotions violentes de leur venir en aide pour combattre l'ennui, cet éternel ennemi qu'elles se sont donné.

Dans les jeux permis à tout le monde, c'est-à-dire dans les jeux qui ne sont pas de hasard, qui demandent l'usage de la mémoire et du raisonnement, on peut se trouver en contact avec des personnes injustes ou exigeantes, appliquant les règles avec une rigueur parfois peu équitable, et, en tous cas, peu polie. On pourra même rencontrer des joueurs qui auront une *conscience de jeu* comme ils ont une *bourse de jeu*, et qui ne croiront pas déroger aux lois de la probité en commettant certaines infractions tout à fait en désaccord avec l'honnêteté : les uns profiteront d'un oubli....; les autres essayeront même de faire naître des distractions dont ils tireront avantage. Il faut se garder de tomber dans les mêmes errements ; il est plus important d'être et de rester poli que d'obtenir quelques *fiches* aigrement revendiquées au whist. En cette circonstance, comme toujours, la règle de conduite à suivre est de se montrer sévère seulement pour soi, indulgent pour les autres..... dût-il en coûter quelques *fiches*. On n'est pas forcé cependant de porter le dévouement trop loin, et de se résigner à être souvent la proie de petites cupidités de salon. Lorsqu'on se sera trouvé en contact avec des joueurs exigeants, injustes, trop jaloux de leurs droits, et, par conséquent, insoucieux des devoirs mutuels que la société impose, il sera facile d'éviter leur compagnie et de s'écarter de la table de jeu à laquelle ils figureront. Si ces préceptes étaient généralement suivis, il s'établirait autour des personnes impolies une sorte de quarantaine qui les isolerait, les empêcherait de troubler l'harmonie de la réunion, et les obligerait peut-être à réfléchir et se réformer. Ce résultat serait désirable, non-seulement au point de vue de l'agrément des réunions, mais aussi dans l'intérêt bien entendu de la morale. Aucun effet ne se produit isolément; il n'y a pas de *petite* injustice, parce que, si mince qu'elle soit, cette injustice dénonce chez celui qui la commet, le pouvoir et l'inclination de se montrer injuste en toute circonstance; l'avidité se produisant à propos de sommes insignifiantes, indique qu'en une circonstance plus grave cette avidité se développerait sur de vastes proportions. Enfin, l'application trop rigoureuse des règles, lorsqu'on la revendique à son profit et au détriment d'autrui, dénote le manque absolu de générosité. Il n'est pas suffisant, en effet, d'être juste dans nos rapports avec nos semblables, surtout lorsqu'on doit bénéficier de cette justice; il faut encore savoir sacrifier ses droits réels ou de convention, peser les circonstances dans lesquelles il est loisible d'user de son droit, et se souvenir qu'en maintes occasions la lettre de la justice est en désaccord avec son esprit; qu'en un mot, pour demeurer équitable, il faut souvent se montrer généreux.

La politesse ne doit pas être seulement le complément dés vêtements d'apparat, une sorte d'ornement dont on se pare pour se montrer au monde. Ceux qui font deux parties de leur existence, qui s'appliquent à se montrer polis pour leurs supérieurs, pour leurs égaux, pour toutes les personnes qui leur sont étrangères, et qui se vengent et se reposent de cette tension et de ces efforts en traitant avec brusquerie et grossièreté les personnes qui font partie de leur famille, et les domestiques qui sont sous leur dépendance, ceux-là sont des hypocrites. Pour être respectable, pour produire tous les bons effets qui résultent de son exercice, la politesse doit être naturelle, et puiser la force qui la fait agir dans l'élévation et la bonté du cœur. Certains caractères, comprenant la nécessité de ne point heurter les exigences de la société, qui parfois se venge quand on la blesse, ont assez d'empire sur eux-mêmes pour demeurer à peu près polis avec les personnes qui pourraient se défendre et leur rendre, selon l'expression populaire, *la monnaie de leur pièce;* mais ces caractères se dédommagent dans leur intérieur, et l'on voit alors des maris, même des fils, même des filles, adopter vis-à-vis de leurs femmes et de leurs mères des expressions grossières, des intonations brusques et vulgaires, qui, pour la forme non moins que pour le fond, constituent une souffrance de tous les moments, lorsque celle qui les subit est douée de délicatesse et de bonté. Ces caractères savent être polis cependant... mais uniquement lorsque leur propre intérêt est en jeu, lorsqu'ils craignent les représailles, lorsqu'ils sentent que leur tyrannie et leur égoïsme ne pourraient se produire impunément.

Il n'est pas toujours aisé de refaire l'éducation d'un mari ; je suis persuadée cependant qu'en faisant abstraction de certains caractères absolument inaccessibles au perfectionnement, une femme peut toujours réformer autour d'elle quelques habitudes déplaisantes. Elle y parviendra, surtout si elle a assez d'empire sur elle-même pour ne jamais se laisser emporter par le ressentiment, pour montrer en toute circonstance, par sa propre conduite, combien la politesse communique d'agréments et de dignité au foyer domestique. Elle doit agir par l'exemple toujours, souvent par le raisonnement, et même, parfois, par la plaisanterie : les reproches, l'ironie, les dédains, l'éloigneraient de son but. C'est seulement en faisant apprécier en elle les vertus dont la politesse est la monnaie, qu'elle peut espérer en faire comprendre la valeur, et amener insensiblement son mari à adopter le langage mesuré, les habitudes polies, sans lesquelles la vie intérieure devient un *steeple-chase* d'égoïsme, une sorte de tableau répugnant, où toutes les laideurs de la nature humaine se montrent sans voile et sans honte.

Quant à l'absence de respect, quant à l'insubordination, à la grossièreté, dont tant d'enfants font preuve aujourd'hui, en vérité, ce n'est pas seulement sur ceux-ci qu'il faut en faire peser la responsabilité. Les enfants sont ce que les a faits la faiblesse, l'incurie, ou la mauvaise éducation de leurs parents. Témoins de l'impolitesse qui préside aux rapports de leur père avec leur mère, voyant trop souvent l'égoïsme séparer les deux êtres qui, pour le bonheur de tous, devraient être rapprochés par la mutualité du dévouement, les enfants se règlent sur les exemples qu'ils ont reçus, et reflètent, en les décuplant, les défauts qu'on leur a laissé apercevoir. A moins d'être un phénomène monstrueux, l'enfant aura toujours les qualités et les défauts qui ont réglé et dominé l'existence de ses parents : il sera doux et poli, si ceux-ci lui ont donné l'exemple de la concorde et de la générosité ; brutal et égoïste si, au contraire, l'égoïsme présidait au foyer domestique, et en écartait toute manifestation polie. Si j'essaye d'expliquer l'origine de ces habitudes détestables, qui sont trop fréquentes aujourd'hui, je ne prétends pas cependant excuser ces jeunes filles répondant avec arrogance à leurs parents, les traitant non-seulement comme des égaux, mais encore comme des inférieurs qu'on maltraite, ces jeunes gens rapportant près de leur mère le ton, le laisser-aller, les plaisanteries grossières de la plus mauvaise compagnie. Tout en rappelant aux parents l'influence toute-puissante de l'exemple, je puis ajouter, en m'adressant aux enfants, que Dieu leur a donné la raison, la conscience, le jugement, et qu'ils sont inexcusables lorsqu'ils ne font pas usage de ces dons, pour comprendre leurs devoirs et régler leur conduite. Quoi qu'en puissent dire les partisans intéressés du *sans gêne*, qui plaident toujours leur propre cause, et essayent de l'ennoblir en la faisant solidaire de la sincérité, l'impolitesse est et demeurera un défaut d'autant plus grave qu'il est la conséquence et l'affirmation des plus mauvais instincts du cœur. Ce défaut est de plus un indice infaillible de sottise. Si l'on me citait des exemples qui détruisent cette dernière assertion, si l'on m'opposait des individus intelligents et cependant impolis, je parierais à coup sûr que, malgré leur intelligence, ils sont affligés d'ineptie. Joignez en effet, à une intelligence si considérable qu'elle soit, une dose trop forte de vanité et de personnalité, cette combinaison produira inévitablement un sot de la pire espèce, car il appartiendra à la variété des sots agressifs, infatués de leur propre mérite, par conséquent accessibles à toutes les erreurs les plus risibles.

On a trop oublié, de notre temps, la politesse due aux inférieurs; en cela encore, les enfants, se réglant sur l'exemple donné par certains parents, s'exagèrent volontiers leurs droits envers les domestiques. La générosité n'est pas, il faut bien le reconnaître, la qualité dominante de notre époque; on est fort jaloux de ses droits, mais assez ignorant de ses devoirs, et l'on suppose volontiers que, du moment où l'on paye le travail et le temps d'un domestique, celui-ci descend du rang de *créature,* et devient une *chose* inerte, une machine à servir, dont on peut user sans remords, sans mesurer la besogne qu'on lui donne, sans éviter de le froisser et de l'humilier, sans lui épargner les blessures attachées à toutes les conditions pour lesquelles on abdique l'indépendance. *A voir toutes les vertus qu'on exige des valets, connaissez-vous beaucoup de maîtres dignes d'être des domestiques?* Cette vérité désagréable, présentée sous la forme d'une plaisanterie, mérite d'être méditée par toutes les personnes qui aiment la justice et pratiquent la charité chrétienne. C'est dans cette charité qu'il faut chercher les principes que j'essaye de développer dans ces lignes; ils y sont tous contenus... mais, hélas! bien souvent méconnus! Nos rapports avec nos semblables, avec nos égaux et nos inférieurs, ne sont-ils pas réglés par cette parole véritablement divine : Ne faites pas à autrui ce que vous ne voudriez pas qu'on vous fît à vous-même?

Cette règle est la seule bonne; elle s'applique à toutes les situations, à tous les détails, et cependant combien il est rare de la voir mise en action! Combien de femmes se croient chrétiennes, et bonnes chrétiennes, et ne se font pas faute de tourmenter, souvent même d'humilier ceux qui dépendent d'elles! On peut se faire respecter sans user de rigueur, se faire aimer sans établir une familiarité incompatible avec les différences d'éducation; on obtient ces résultats en se montrant toujours équitable, en supportant avec bonté les fautes involontaires, en agissant par la persuasion plutôt que par l'autorité, en ménageant l'amour-propre inhérent à toute créature humaine, en s'abstenant de toute formule acerbe, rappelant trop durement la dépendance de celui auquel on l'adresse. Tout cela est bien difficile, diront peut-être certaines personnes; non vraiment, car tout cela vient d'une seule source : la générosité qui est si naturelle aux cœurs féminins ; ceux qui en sont dépourvus forment une exception, et même ceux-ci la trouveront s'ils veulent la chercher, écarter les mauvais instincts, les fausses idées qui l'obstruent, et la laisser libre de produire tous les bons effets qu'elle fait naître sur son passage.

La politesse est obligatoire pour tout le monde et envers tout le monde. Les petits esprits, accessibles à toutes les fausses idées, imaginent volontiers que l'on s'élève en traitant avec hauteur les fournisseurs et les ouvriers ; c'est le contraire qui est la vérité, et, pour s'en convaincre, il suffit de comparer les habitudes d'une personne à la fois bien *née* et bien élevée (ce qui n'est pas toujours synonyme) avec la conduite d'un *parvenu*, en prenant ce mot dans la mauvaise acception qu'il mérite parfois. La première, sans être familière, saura se montrer bienveillante ; le second, tout en étant grossier, sera familier malgré lui. Il n'y a donc pas à hésiter sur la conduite qu'il faut suivre, et l'on doit se souvenir en toute occasion, si, par malheur, on avait besoin de recourir à un calcul intéressé, que *la politesse rapporte plus qu'elle ne coûte.*

VII.

LA CORRESPONDANCE. — L'ÉCRITURE. — DE QUELQUES FORMULES. — LES LETTRES DE FAIRE PART.

Il semblerait qu'à l'époque actuelle on ne dût plus rencontrer des personnes ignorant l'orthographe, les règles de la ponctuation, en un mot tous les détails qui composent ce que l'on peut appeler la physionomie matérielle de la correspondance. Il n'en est pas tout à fait ainsi cependant, et l'on est parfois désagréablement surpris par l'aspect d'une écriture vulgaire, de fautes grammaticales grossières, dénonçant une éducation négligée, et par conséquent plaçant immédiatement ceux qui les commettent dans les rangs les plus infimes de la société, c'est-à-dire parmi ceux qui n'ont pas même une instruction élémentaire.

L'écriture ne peut, sans doute, être toujours régulière et belle, mais elle doit toujours être lisible. Écrire avec une précipitation qui ne laisse pas le temps de former les lettres, supprimer, pour avoir fini plus vite, les accents, les virgules, se soustraire à l'obligation de mettre *les points sur les i*, c'est faire preuve d'incivilité, ou bien démontrer que l'on est incapable de réflexion et de sang-froid. Dans le premier cas, la négligence de l'écriture prouve que l'on a peu de considération pour les personnes que l'on condamne à déchiffrer des hiéroglyphes; dans le second, elle dénote une sorte de faiblesse d'esprit : égoïsme ou incapacité, tels sont les traits de caractère que l'analyse trouve dans une écriture illisible. On a dit, il est vrai, que les sots avaient seuls une belle écriture; mais cet axiome a été probablement mis en circulation par des gens intéressés à le propager. Il n'est point nécessaire, d'ailleurs, d'écrire en caractères moulés, mais seulement en caractères lisibles, d'éviter, en un mot, à ceux qui doivent lire notre écriture, la peine de deviner ce que nous leur disons; et lors même qu'on m'opposerait l'exemple de certains grands hommes qui avaient une écriture détestable, je répondrais que cet exemple est un argument en ma faveur, car il est prouvé qu'ils étaient fort égoïstes, et préféraient donner à autrui la peine de déchiffrer les lignes qu'ils avaient tracées, plutôt que de prendre le soin de rendre ces lignes lisibles.

Les signes extérieurs auxquels on reconnaît la vulgarité dans l'écriture sont d'abord l'irrégularité des lettres, tracées avec une hésitation qui dénonce une main novice, peu habituée à manier une plume; viennent ensuite les vices de ponctuation, les lettres minuscules employées à la place des lettres majuscules, c'est-à-dire après un point ou devant un nom propre. Il ne faut pas tomber dans l'excès opposé, et s'appliquer à former des lettres majuscules entourées d'ambitieux traits de plume: cette recherche trahirait un pédantisme burlesque, prétention risible, puisqu'elle ne serait pas proportionnée au but très-puéril qu'elle se proposerait. Une extrême simplicité doit être le trait distinctif de toute écriture, et on le trouve toujours chez les personnes de bonne compagnie. La civilité commande aussi d'écrire sur une feuille double, parfaitement nette et propre, d'éviter l'emploi des papiers très-fins, dont la transparence compromet la netteté des caractères, tandis que leur finesse les expose à se chiffonner dans la main qui les tient, et à donner par conséquent une difficulté de plus lorsqu'il s'agit de lire les lignes qui y sont tracées; ce même motif engagera aussi à éviter de surcharger une lettre de lignes tracées en plusieurs sens. Comme il n'est plus permis aujourd'hui d'envoyer une lettre sans l'affranchir, et que le port est toujours à la charge de la personne qui écrit, celle-ci, en encombrant une feuille de papier d'une trop grande quantité de mots, semble vouloir éviter une minime surtaxe de port, et imposer au destinataire une lecture hérissée de difficultés, afin de réaliser une économie insignifiante. Si l'abondance des matières l'exige, il faut écrire la lettre sur deux feuilles doubles, ou bien sur une feuille et demie, plutôt que de tracer des carrés de lignes qui s'enchevêtrent et se confondent.

Toute lettre, quelles que soient sa dimension et sa destination, doit être envoyée dans une enveloppe carrée; les enveloppes d'une autre forme obligent à replier plusieurs fois la lettre sur elle-même, et ces plis répétés rendent la lecture de la lettre un peu difficile. L'emploi des pains à cacheter n'est permis que lorsqu'il s'agit de lettres de commerce; on cachette toute lettre un peu *cérémonieuse* avec de la cire à cacheter; pour les lettres familières, on se sert d'enveloppes gommées, dont on mouille l'extrémité pour enfermer la lettre.

On n'emploiera jamais de papier à vignettes et ornements de couleur; les initiales ou bien les armoiries sont le seul décor qui puisse figurer sur le papier à lettres.

On doit éviter soigneusement d'écrire, dans le cours d'une lettre, les mots *Monsieur*, — *Madame*, — ou *Mademoiselle*, — en abrégé : ce procédé semble indiquer que les personnes dont il s'agit ne méritent pas que l'on prenne la peine d'écrire ces mots en toutes lettres. Ce n'est qu'une nuance, sans doute, mais elle est significative; elle équivaut presque à l'impertinente accentuation du mot *M'sieu*, — tel que le prononçaient autrefois les grands seigneurs en parlant aux gens qui n'étaient pas *nés*.

On ne saurait être trop poli dans l'adoption des formules qui terminent une lettre. Il est si facile en effet, et en même temps si usité, d'employer en cette circonstance des termes hyperboliques, que l'on semble ne pouvoir s'en dispenser sans avoir des motifs très-graves, ou des intentions fort impertinentes.

Tout homme, quel que soit son âge, écrivant à une femme, terminera sa lettre ou son billet par une formule dans laquelle figurera le mot *respect*. Il agira de même vis-à-vis d'un supérieur ou d'un homme âgé; lorsqu'il s'adressera à un égal, ou bien à un inférieur, il adressera ses *compliments*.

Les formules respectueuses seront aussi employées par les femmes vis-à-vis des femmes *franchement* âgées. Celles qui n'ont pas voulu accepter leur âge et les prérogatives de la vieillesse pourraient en effet se trouver offensées par la manifestation du respect qui leur serait adressé par une autre femme, puisque ce sentiment, entre personnes du même sexe, s'adresse seulement à celle qui est en possession de la dignité que confère la vieillesse : dans ce cas particulier, mais non trop exceptionnel, une jeune femme sera plus polie en employant un ton d'égalité, qu'en adoptant vis-à-vis d'une *aînée* des formules trop respectueuses.

On n'écrit jamais deux fois le mot *Monsieur*, ou *Madame*, sur une adresse; le bon goût a condamné ce pléonasme, qui ne se rencontre plus que sous la plume des étrangers, des personnes ignorantes, ou des *très*-jeunes gens.

On place toujours le mot *Monsieur* ou *Madame, à la ligne*, seul, ou suivi du titre de la personne à laquelle on écrit, si l'on a avec celle-ci des rapports un peu cérémonieux; dans le courant de la lettre il n'est point nécessaire de répéter le titre, mais on le placera dans la phrase finale, et on le répétera sur l'adresse. Si au contraire on écrit à une personne que l'on connaît intimement, on ne séparera pas de la première ligne le mot *Monsieur* ou *Madame*.

Il arrive parfois que l'on est assez familier avec une personne pour lui adresser une formule affectueuse, sans cependant avoir l'habitude de la désigner par son nom de baptême : on ne peut écrire *Ma chère dame*, cela serait rationnel et grammatical, mais cela est vieillot, suranné, et date d'un siècle au moins; on écrit donc *Chère Madame*, formule absurde, dépourvue de signification, opposée aux lois qui régissent notre langue, mais formule adoptée, par conséquent indiscutable. Nous ne dirions pas : *Donnez-moi bon mon pain*, — mais nous écrivons sans cesse : *Chère Madame.*

Lorsqu'un événement important (mariage, — naissance ou décès) se produit dans une famille, on en instruit les personnes que l'on connaît : de là l'usage des lettres de *faire part*, circulaires lithographiées que l'on envoie non-seulement à ses amis, mais encore aux personnes avec lesquelles on a eu quelques relations, même sommaires. L'envoi de ces circulaires a pris une extension telle, que toute négligence sur ce point équivaut à une marque d'indifférence, presque à une marque de mépris; il est donc essentiel de n'oublier personne dans la distribution des lettres de *faire part.*

Celles qui annoncent un mariage s'expédient en double exemplaire, lors même que la personne à laquelle on les adresse ne connaîtrait que l'une des deux familles. L'un de ces exemplaires est rédigé au nom des parents de la mariée, — l'autre au nom des parents du marié. Si l'une de ces familles est inconnue au destinataire, la lettre de cette famille est insérée dans l'autre lettre, afin que les noms connus soient placés les premiers sous les yeux de la personne qui reçoit la communication. Les lettres qui invitent à assister à la cérémonie du mariage doivent être envoyées plusieurs jours d'avance, celles qui font simplement *part* du mariage peuvent être expédiées même après sa célébration.

On annonce de la même façon une naissance, et la rédaction de ces circulaires est invariablement limitée à ces lignes : « Madame *** est heureusement accouchée d'un garçon (ou d'une fille).

« M.*** a l'honneur de vous en faire part. »

Lorsqu'il s'agit d'annoncer un décès, les lettres sont rédigées au nom de tous les membres de la famille, et l'on inscrit d'abord les parents les plus proches. Nous n'avons pas la mission de réformer les usages adoptés, et nous nous bornons à les indiquer, en essayant d'en extraire le sens véritable et le but social. Il est sans doute bien puéril de faire acte de vanité en des circonstances si solennelles, et d'indiquer, à propos de la mort d'un père, par exemple, les titres et les fonctions des parents les plus éloignés; on semble profiter de cette occasion pour faire connaître les distinctions que possède la famille dont on fait partie. Le sujet principal de la lettre de faire part, c'est-à-dire le décès, n'est plus que l'accessoire, le motif dégénère en prétexte, la vanité, en un mot, écarte la douleur, se dévoile et s'affirme, justement à propos de l'événement qui prouve le néant de toutes les vanités.

Il me semble cependant, que, tout en se conformant aux usages établis, on peut les modifier en un certain sens, et atténuer leur signification, quand elle est trop incompatible avec les sentiments que l'on éprouve, ou que l'on est du moins *censé* éprouver, lorsqu'on est frappé par un événement de cette nature. Les titres font partie du nom que l'on porte, il est donc naturel de les indiquer; en les retranchant, on agirait avec une affectation qui serait opposée au but que l'on se propose, puisqu'elle indiquerait un calcul de fausse humilité, étranger au sentiment *unique* que l'on doit manifester en une semblable circonstance. Quant aux faux titres, quant aux particules usurpées, il est superflu de dire que tout ce clinquant doit être soigneusement écarté d'une lettre de décès. La manie de l'aristocratie qui florissait il y a de cela vingt à trente ans est d'ailleurs à peu près passée de mode. Là, comme ailleurs, l'abus a tué l'usage; sous prétexte de pseudonyme littéraire, on adoptait à cette époque, un titre, un nom, une particule, et ce déguisement social avait pris des proportions considérables. Le bon goût repousse tous les mensonges; il a fait justice de celui-ci, et l'on est plus honoré aujourd'hui en portant son nom, fût-il très-bourgeois, qu'en s'affublant d'une appellation aristocratique; cette usurpation inspire la pitié, ou même une sorte de méfiance, car elle émane du charlatanisme et aboutit à l'imposture. On porte le titre que l'on possède, mais on se garde bien de s'accorder à soi-même des lettres de noblesse. Les titres *véritables*, les grades militaires, peuvent figurer dans les lettres de faire part; les grades, même civils, du défunt et de son fils, ou bien du proche parent au nom duquel la lettre est rédigée, sont aussi inscrits dans cette lettre, non par vanité, mais par la nécessité d'indiquer aussi clairement que possible l'individualité des principaux personnages, afin d'éviter les erreurs qui pourraient résulter d'une ressemblance ou d'une communauté de noms. Quant aux parents éloignés, il est tout à fait superflu, pour ne pas dire inconvenant, d'inscrire en toutes lettres leurs grades civils, de noter leurs décorations, de rappeler les postes qu'ils ont occupés, et lorsqu'on se laisse entraîner à ces puériles manifestations de vanité, on encourt un blâme sérieux, et l'on s'expose à être accusé d'insensibilité.

On envoie aujourd'hui des lettres de faire part à toutes les personnes que l'on connaît, même à celles qui habitent un point éloigné de celui où se passent les événements de famille dont on les instruit. On répond à cet envoi par une simple carte de visite, si l'on ne connaît pas intimement les personnes *qui font part* de ces événements; par une lettre courte et simple, si au contraire on a eu des rapports fréquents avec la famille qui se rappelle à notre souvenir. Si l'envoi est fait par un homme à une femme, celle-ci n'adresse point de carte de visite.

Lorsque les rapports ont été assez intimes pour autoriser à écrire, on doit rédiger sa lettre sans emphase, la faire aussi courte que possible, et enfin, lorsqu'il s'agit d'un décès, se borner strictement aux témoignages de condoléance. L'emphase ne prouve jamais rien; je me trompe, elle prouve l'affectation, incompatible avec un sentiment vrai. Par l'exagération des formules, elle blessera celui qui est peu affligé, en établissant un contraste désobligeant avec sa propre tiédeur; elle blessera davantage encore celui qui est sincèrement affligé, car tout sentiment vrai est toujours clairvoyant, et sous les hyperboles de l'affliction on discerne aisément la sécheresse du cœur qui croit se déguiser en se fardant d'exagération. On doit écrire brièvement, et éviter de mentionner aucun sujet étranger à l'événement qui motive l'envoi de la lettre, parce que les douleurs véritables ne veulent pas être distraites, et qu'il est cruel de mettre trop immédiatement sous les yeux des personnes qui viennent d'éprouver un malheur le spectacle du mouvement, des intérêts et des plaisirs de la société.

Quelle que soit la circonstance dans laquelle on se trouve, il faut, lorsqu'on écrit, s'oublier soi-même, et penser uniquement à la personne à laquelle on s'adresse ; la politesse *par écrit* doit être plus scrupuleuse encore qu'en toute autre occasion. L'écriture, en effet, donne le temps de la réflexion, qui peut manquer à la parole; de plus elle est privée des atténuations infinies qui peuvent résider dans le ton, dans l'enchaînement de la conversation, dans mille circonstances qui modifient les nuances et leur enlèvent la *crudité* inséparable des mots *écrits*. Ceux-ci restent, ils expriment sans détour la pensée dans laquelle ils ont été conçus, et, si cette pensée est égoïste, si elle dénonce un blâme, même indirect, si elle renferme une intention désobligeante, la blessure qu'elle fait dure autant que les lignes qui contiennent ces manifestations hostiles, et leur souvenir survit même à leur destruction.

Lorsqu'on écrit à une personne fort occupée,

pour l'entretenir d'intérêts qui lui sont étrangers, la politesse exige que la lettre soit aussi courte que possible ; la brièveté en cette circonstance est une preuve de savoir-vivre. Il ne faut jamais oublier, en effet, que *les détails sont le style de l'amitié*, — mais seulement celui de l'amitié, et, lorsqu'on vient entretenir une personne étrangère et indifférente de faits puérils et intimes, on prouve que l'on a plus d'égoïsme que de politesse, plus de souci de sa propre personnalité que de la convenance d'autrui, ou plus de naïveté que d'expérience et de savoir-vivre.

VIII.

LA POLITESSE ENVERS LES INCONNUS DANS LES RUES, — EN VOYAGE. — L'INCIVILITÉ INTERMITTENTE. — POLITESSES A ACCEPTER. — POLITESSES A REFUSER.

On rencontre parmi les inconnus un grand nombre de personnes fort impolies, qui paraissent cependant n'être pas absolument dépourvues d'éducation; elles agissent envers ceux qu'elles rencontrent avec une hostilité systématique, leur prouvent une malveillance qu'aucun déguisement n'atténue, et se *font leur place* avec un égoïsme qui est révoltant par sa naïveté même. Elles offrent ainsi une esquisse du tableau que présenterait la société si jamais les règles du savoir-vivre étaient abandonnées au profit des instincts que ces règles sont justement destinées à combattre, à corriger ou bien à voiler, lorsqu'ils veulent s'exercer au détriment d'autrui.

Ces mêmes personnes, qui se font remarquer par leur grossièreté dans les rues, dans les gares de chemins de fer, en voyage, sont probablement polies lorsqu'elles se trouvent dans un salon, parce qu'elles craignent les représailles, et savent que la société ne tolérerait pas la manifestation des instincts brutaux qui seraient préjudiciables à tous; mais, comme ces personnes ne connaissent que les formes extérieures de la politesse, et n'ont jamais médité le sens des devoirs qu'elle impose, comme leurs sentiments sont peu élevés et leurs habitudes aussi vulgaires que leur intelligence, elles se vengent envers les inconnus de la contrainte qu'elles s'imposent vis-à-vis des individus qu'elles connaissent.

Les deux personnages les plus impolis du monde civilisé, sont le sot et la sotte. Or il n'est pas indifférent, même à ceux qui se rendent coupables d'impolitesse vis-à-vis des inconnus, d'être ainsi classés, à première vue, dans la catégorie des sots; c'est cependant le moindre, le plus inévitable des inconvénients qui résultent d'une impolitesse. Le sot, en général, et la sotte aussi, ne doutent pas qu'ils ne soient des personnages extrêmement considérables, ou tout au moins possédant des qualités singulières; qu'elles commandent l'intérêt, la considération, l'abnégation de tous les individus qui sont assez heureux pour se trouver en contact avec eux. Cette erreur provient d'un défaut d'organisation qui semble irrémédiable, puisqu'il est dû à un manque absolu de jugement, à une perception confuse et incomplète des rapports que nous entretenons avec nos semblables.

Pour demeurer dans la réalité des choses, pour nous conformer aux règles de l'équité, il ne faut, en effet, jamais oublier que la politesse ne peut être que mutuelle; que les petits sacrifices qu'elle impose constituent un échange, et ne peuvent, dans aucun cas, être considérés comme un hommage rendu à quelques individus privilégiés, qui ont le droit de tout recevoir sans être tenus à aucune réciprocité; en un mot, *nul* ne mérite les égards dont il s'affranchit envers autrui.

On m'objectera peut-être que, si la réciprocité était si rigoureusement observée, il suffirait d'un homme grossier pour faire naître une foule de représailles grossières. Mais la politesse a bien des nuances : elle exprime la bienveillance envers ceux qui méritent ce sentiment; la froideur envers ceux qui ne sont pas dignes d'inspirer l'intérêt. Dans le premier cas, on est poli par considération pour les autres; dans le deuxième, on reste poli par égard pour soi-même, par respect pour sa propre dignité.

D'ailleurs, la politesse envers les inconnus n'est pas et ne saurait être identique à celle que l'on marque aux personnes que l'on connaît; il est même des circonstances où l'on manquerait complétement le but, où la politesse se transformerait en impertinence, si l'on témoignait aux inconnus les égards que l'on aurait pour les individus faisant partie de la compagnie que l'on fréquente. Ainsi un homme, jeune ou vieux, peu importe, peut être en situation de rendre à des femmes inconnues plusieurs petits services : il serait impertinent s'il ne limitait pas strictement son intervention à ces services, s'il paraissait en prendre avantage pour engager la conversation, s'il n'observait pas, en un mot, la réserve la plus scrupuleuse en s'éloignant immédiatement des personnes qui n'ont plus besoin de son aide. Si la réserve manque à celui-ci, les femmes qui s'en apercevraient auront elles-mêmes recours à la *politesse froide* que j'indiquais tantôt, pour couper court à toute conversation s'écartant des sujets qui appartiennent à la banalité.

Tout homme poli n'occupera pas un siége dans une salle d'attente, dans un bal, dans un jardin public, etc., lorsqu'il y aura près de lui des femmes, jeunes ou vieilles, qui ne pourront trouver à s'asseoir.

Toute jeune fille, et même toute jeune femme, cédera sa place à une femme âgée, qui n'aurait pu trouver un siége.

Dans la rue, les hommes ne disputeront pas le *haut du pavé*, même quand ils y ont droit, lorsqu'ils se trouvent en face de femmes ou d'hommes infirmes ou fort âgés. On appelle *haut du pavé* le côté de droite, que chacun a le droit de prendre et de garder ; ce droit, que l'on possède en communauté avec les charrettes, les fiacres, les véhicules de toutes sortes, a seulement pour objet de faciliter la circulation dans les rues trop remplies de passants. Il serait ridicule de vouloir le disputer, et nul n'est tenu de le céder à l'exigence d'autrui, hors des cas ci-dessus mentionnés; alors la concession est purement un acte de civilité accompli en faveur des personnes qui désirent rester dans le voisinage des maisons bordant la voie publique.

Un homme qui fume dans la rue ne lancera pas des bouffées de fumée dans le visage des passants et des femmes; il est vrai que ceux qui se rendent coupables de cette grossièreté la commettent plus fréquemment envers les femmes que vis-à-vis des hommes, les premières étant forcées de supporter l'impolitesse, qui peut être réprimée ou punie par les seconds. Ils n'en sont, par conséquent, que plus condamnables, et cependant, je regrette de le dire, mais la vérité m'y oblige, cette incivilité se produit très-fréquemment, et se rencontre surtout chez les jeunes gens désœuvrés que le peuple désigne par les mots : *beaux fils*. D'où vient cette anomalie, cette différence si tranchée entre les habitudes du salon et celles de la rue? Elle a pour cause un préjugé qui appartenait autrefois à certains membres de l'aristocratie, et dont ils ont été dépossédés au profit de quelques-uns des *enrichis* contemporains. Autrefois, en effet, on avait pour ses égaux une politesse exquise, dont les raffinements ne pouvaient se comparer qu'aux raffinements d'impertinence que l'on déployait vis-à-vis des inconnus, des individus qui n'étaient pas *nés*. Ce sentiment est devenu l'héritage d'une *partie* de l'aristocratie d'argent, dans laquelle on rencontre, hâtons-nous de le dire, un fort grand nombre de personnes sensées et intelligentes, par conséquent incapables de commettre des impolitesses; mais celles qui ne sont ni sensées ni intelligentes, estimant l'argent par-dessus tout et n'estimant que l'argent, connaissant tous ceux qui possèdent une fortune égale et surtout supérieure à la leur propre, considèrent les individus moins riches comme des êtres insignifiants, vis-à-vis desquels on peut s'affranchir sans inconvénient des prescriptions les plus élémentaires de la politesse. Ce sentiment est, hélas! partagé par un certain nombre de jeunes filles riches; il semble plus déplaisant encore chez elles, car on ne peut s'empêcher de trouver que certains défauts, provenant de la sécheresse du cœur, du manque absolu de bonté et de générosité, sont plus monstrueux chez les femmes que chez les hommes, puisque les femmes représentent plus spécialement les sentiments délicats et généreux qui appartiennent à la race humaine ; de plus, comme l'organisation de la femme la porte vers l'exagération, elle va plus vite et plus loin qne les hommes dans la voie bonne ou mauvaise qu'elle a choisie. Une jeune fille impertinente sera plus cruelle qu'un jeune homme impertinent; elle infligera des humiliations plus sensibles, elle y apportera des raffinements qu'un homme n'aurait pas su trouver et n'aurait pas voulu appliquer.

Il ne sera peut-être pas inutile de rappeler à *quelques-unes* des jeunes filles d'aujourd'hui que l'incivilité, si choquante à tous les âges, est plus répréhensible encore en elles que chez toute autre personne. Les habitudes impertinentes sont, en effet, incompatibles avec la modestie, avec la douceur et la réserve qui caractérisent toute jeune fille bien élevée. Esprit, jugement, cœur, tout est faussé, tout est vicié chez une jeune fille impertinente, car les attitudes hautaines, le langage moqueur, les habitudes agressives, impliquent toujours l'infériorité de l'intelligence et la sécheresse du cœur; inspirer la pitié, mériter le blâme, exciter parfois la haine, tel est le résultat qu'atteint infailliblement une jeune fille lorsqu'elle méconnaît son rôle en ce monde, lorsque le jugement lui fait défaut, lorsqu'elle se laisse entraîner à humilier ses semblables, lorsqu'elle prouve que les satisfactions de la vanité sont les seules qu'elle connaisse et qu'elle recherche.

Quelques-unes de nos jeunes contemporaines supposent que la fortune gagnée par leurs parents les dispense d'acquérir aucune qualité, de réprimer aucun défaut; elles sont fermement persuadées que l'argent leur tiendra lieu d'intelligence, d'instruction, de bonté et de savoir-vivre. Il faut les blâmer sans doute, mais il faut encore plus les plaindre : elles ne connaîtront jamais la joie d'être aimées et celle d'aimer; elles ne seront utiles à personne. L'ennui, qui naquit non de l'uniformité, vieille erreur que l'on a mise en vers, mais bien de l'ignorance, leur fera porter son lourd fardeau : elles ne connaîtront aucun des plaisirs infinis que procure l'étude des arts ; elles seront classées parmi les personnes *nulles ;* elles n'auront pas d'autre valeur en ce monde que celle de leur argent, qui leur vaudra quelque apparence de considération de la part de leurs fournisseurs et de quelques parasites seulement. Quant à l'estime des personnes sensées, quant à l'affection des cœurs généreux, quant à la sympathie de leurs semblables, elles devront y renoncer, car elles n'auront rien fait pour mériter ces biens, qui, à eux seuls, peuvent tenir lieu de tous les autres.

Une jeune fille, à la fois intelligente et bonne, sera polie en toute circonstance, et même envers les inconnus. Elle respectera la vieillesse, parce que ceux qui vivent depuis longtemps ont beaucoup souffert, et méritent par conséquent les soins de tous; elle ne restera pas assise dans un lieu public, s'il y a près d'elle une vieille femme qui n'a pu trouver un siége; elle ne choisira pas la meilleure place dans un wagon, au détriment des femmes âgées qui s'y trouvent; elle n'usera pas despotiquement du droit d'ouvrir ou de fermer une fenêtre, sans avoir consulté ses voisines ; en un mot, elle sacrifiera en toute circonstance ses propres convenances à celles des personnes âgées qui se trouvent près d'elle.

Il y a en ce monde quelque chose qui est plus répréhensible que l'incivilité franche, naïve, se déployant sans vergogne, s'affirmant sans ménagement : c'est l'incivilité *intermittente*, se produisant par accès calculés, et n'ayant pas, comme la première, l'excuse de l'ignorance. On rencontre la seconde chez les individus dont les sentiments sont empreints de bassesse : ils sauront avoir des égards empressés, des soins multipliés, des ménagements ingénieux, pour les personnes dont ils attendent un profit quelconque; mais ils s'affranchiront de toute contrainte vis-à-vis de ceux qui ne sont pas en situation de leur procurer les avantages qu'ils recherchent ; ils se montrent alors dans toute la laideur de leur nature. Passée au creuset de l'analyse, celle-ci donne la combinaison de la bassesse et de l'égoïsme ; ce sont en effet ces deux sentiments qui modifient leur conduite selon les circonstances, selon les individus, qui les rendent civils ou incivils par *intermittence*, qui les portent à marquer un empressement maladroit ou bien une indifférence grossière à ceux qu'ils rencontrent, suivant qu'ils espèrent en obtenir quelque profit, ou qu'ils désespèrent de les employer pour leur propre satisfaction.

Vis-à-vis des inconnus, la politesse se borne à ne point les incommoder, à leur rendre tous les bons offices qui peuvent leur être utiles. Il est cependant des services qu'il ne faut point offrir, ou que du moins il faut se garder d'accepter. Ainsi un homme ne peut se permettre de proposer à une jeune femme inconnue l'abri de son parapluie; lors même que cette proposition lui serait faite, elle ne peut en profiter, et doit se borner à remercier avec réserve.

Un homme ne causera pas dans la rue avec une femme en gardant son chapeau sur sa tête; il le tiendra à la main jusqu'à ce que son interlocutrice l'ait engagé à se couvrir; elle ne manquera pas de l'exiger dès le début de la conversation. C'est elle qui rompt la conversation en prenant congé, et elle aura soin de ne pas retenir son interlocuteur au delà de quelques minutes.

Il doit jeter ou éteindre son cigare dès qu'il s'arrête pour parler à une femme.

Si deux femmes qui se connaissent s'arrêtent dans la rue pour causer, c'est à la plus âgée qu'appartient le droit de faire cesser la conversation, en continuant sa route.

Lorsqu'on est admis fréquemment dans la maison d'une femme, on peut lui offrir le bras quand on la rencontre, et elle peut l'accepter sans inconvénient. Le cas n'est pas le même lorsque la connaissance est de date récente, ou bien quand il s'agit d'une personne que l'on voit rarement; la proposition indiquerait alors un manque absolu de savoir-vivre, et devrait être immanquablement accueillie par un refus poli, mais péremptoire; pour conserver les apparences de la politesse, on alléguerait un prétexte plausible, et l'on couperait court à la conversation en changeant, s'il le faut, l'itinéraire de son chemin.

Un homme est ridicule lorsqu'il offre le bras à deux femmes; il peut s'en dispenser, et, en tout cas, la plus jeune des femmes à laquelle il adresse cette offre la refuse toujours, afin qu'il puisse conduire la personne plus âgée.

Si la femme à laquelle on donne le bras porte à la main un objet quelconque, on lui offre de s'en charger; il vaut mieux ne pas abuser de la politesse, et une femme devra par conséquent remercier, et porter elle-même son ombrelle ou son châle. Il ne faut pas oublier, en effet, que ce sont peut-être les exigences féminines qui ont porté un coup si funeste à la civilité, et qui ont causé le dépérissement dont elle est atteinte. L'abus a toujours compromis l'usage. Pour ranimer la politesse, si languissante aujourd'hui, il faudrait éviter de faire peser sur elle des charges trop lourdes, et, parmi les sacrifices que l'on s'impose à notre profit, accepter seulement ceux qui sont les moins pénibles.

IX.

LES VOYAGES. — LES SÉJOURS DANS LES MAISONS ÉTRANGÈRES. — DEVOIRS DE CEUX QUI REÇOIVENT L'HOSPITALITÉ. — LA DISCRÉTION. — DEVOIRS DE CEUX QUI OFFRENT L'HOSPITALITÉ. — GRATIFICATIONS AUX DOMESTIQUES.

Les caractères extérieurs auxquels on reconnaît la politesse varient, non-seulement suivant les pays, mais aussi suivant les époques : telle prescription devient superflue, parce qu'elle se rattache à un usage suranné ; telle autre emprunte son utilité à un brusque changement survenu dans les mœurs. L'inévitable mobilité de nos habitudes oblige chaque génération, pour ainsi dire, à renouveler les livres dans lesquels elle établit les bases de son instruction, en indiquant les limites atteintes par ses recherches et ses découvertes scientifiques. La génération qui lui succède puise ses connaissances dans ce fonds commun, l'alimente à son tour en y ajoutant le résultat acquis par ses propres travaux, et rattache ainsi le présent au passé, en les préparant en vue de l'avenir.

Cette perpétuelle rénovation de tous les traités scientifiques, de tous les dictionnaires spéciaux ou universels, ne saurait être évitée, même lorsqu'il s'agit de définir les caractères de la civilité; son origine est immuable, mais ses règles sont soumises à toutes les variations qui dérivent des changements survenus dans nos habitudes. Ainsi, les chemins de fer, en multipliant les voyages et les rapports entre inconnus, ont, si je ne me trompe, fait naître la nécessité d'indiquer la nature des rapports qui doivent exister entre voyageurs.

L'égalité parfaite qui passe son niveau sur tous les individus renfermés dans un même wagon leur a communiqué un sentiment un peu âpre, celui de leur droit. Nul ne peut réclamer tant que ce droit se renferme dans les limites strictement légales, et ne tend pas à se transformer en abus; mais l'égoïsme étouffe souvent l'équité, et l'on rencontre sans cesse des personnes qui sont toujours disposées à établir leur bien-être aux dépens du bien-être d'autrui.

Du moment où l'on a payé la place qu'on occupe, il est permis de la garder, et de n'en point faire le sacrifice à un inconnu, pour se résigner à en prendre une autre trop ou trop peu aérée, exposée au soleil ou bien à la poussière. A égalité d'âge, on ne cédera donc pas sa place, car la politesse dégénérerait en duperie dans ce cas particulier. En effet, pour peu que l'on s'adresse à une personne bien élevée, la proposition est inutile, car celle-ci refusera de l'accepter. L'échange, désavantageux pour celui qui l'offre, ne saurait être accepté que par un être égoïste dont il est parfaitement superflu de s'occuper : il s'acquitte lui-même de cette tâche, et y apporte un zèle que l'on ne pourrait égaler.

Il arrive parfois que l'égoïsme ne se borne pas à un rôle purement passif, et qu'il devient militant lorsqu'il s'agit d'empiéter à son profit sur les droits d'autrui; dans ce cas, on se trouve naturellement dégagé de tous ménagements envers ceux qui n'en savent pas garder, et l'on oppose une réserve froide et silencieuse à leurs injustes prétentions. S'ils exigent que l'on ferme ou que l'on ouvre une fenêtre selon leurs convenances particulières, on répond en peu de mots que l'on désire user du droit que l'on possède et maintenir l'ordre qu'on a établi ; si leur personne ou leurs effets viennent encombrer indûment l'espace auquel on a droit, on prie poliment ces êtres mal élevés de rentrer dans les limites de leurs frontières; et, s'ils s'y refusent, on adresse sa réclamation à l'un des conducteurs du train. Ces mesures sévères doivent être observées dans l'intérêt général; il est en effet nuisible pour tous d'encourager l'iniquité et de fortifier l'égoïsme en se soumettant aux sacrifices qu'il prétend imposer. Mais ce rôle de *justicier* ne peut convenir aux femmes; celles d'entre elles qui voyagent seules devront toujours choisir les wagons dans lesquels elles ne seront pas exposées à rencontrer une compagnie masculine qui pourrait être *trop* ou *trop peu* polie. Chacun sait que les femmes ont le droit de réclamer, sur toutes les lignes de chemin de fer, des wagons qui leur sont spécialement consacrés, et elles se trouvent ainsi dispensées de l'ennui de maintenir leurs droits vis-à-vis d'individus qui sont disposés à les méconnaître. Je ne prétends pas affirmer que l'égoïsme soit un défaut purement masculin; je veux seulement indiquer ici qu'il est plus facile pour une femme de se placer sur le terrain légal quand elle a pour adversaire une autre femme, que lorsqu'elle se trouve exposée à engager une discussion avec un homme.

Je n'ai pas l'intention de me borner à énumérer ici les droits dont on peut réclamer l'observance. Il existe des devoirs qu'il faut connaître et exercer, même envers les inconnus; mais, pour le dire en passant, l'équité n'est pas moins blessée par la timidité des uns que par l'exigence des autres. En consentant à laisser attaquer et amoindrir le droit que l'on possède, on encourage, on propage, on éternise l'injustice, et l'on se rend complice de ses actes.

Les devoirs envers les inconnus commandent aux hommes de témoigner de la déférence aux femmes près desquelles ils sont placés; cette même déférence est obligatoire de la part de tous, hommes et femmes, envers les vieillards, les personnes malades, les religieuses et les prêtres. Il ne saurait plus être question vis-à-vis de ces différentes personnes de revendiquer et de maintenir le droit dont on est investi : on offrira sa place, si elle est plus agréable à occuper; on consultera la convenance de ceux de ses voisins appartenant à l'une des catégories qui viennent d'être indiquées, lorsqu'il s'agira d'ouvrir ou de fermer une fenêtre; en un mot, on fera le sacrifice de ses goûts particuliers, absolument comme si l'on se trouvait dans un salon; on offrira son aide lorsqu'il s'agira de quitter le wagon, ou bien d'y remonter; et, chaque fois que l'occasion s'en présentera, on s'empressera d'être utile, en se tenant dans les limites du bon goût, qui interdit de se rendre importun, lors même que l'on aurait l'excellente intention de se montrer serviable.

Si la conversation s'engage, on se gardera de repousser avec hauteur ou d'accueillir avec familiarité les avances de ses voisins; la bienveillance et la dignité nous indiquent la limite précise qui ne doit pas être franchie dans nos rapports avec les inconnus. Le bon goût interdit toute conversation qui aurait pour objet nos affaires personnelles, et toute question, toute manifestation de curiosité qui aboutirait à l'indiscrétion. Il serait incivil de répondre trop brièvement, et d'indiquer clairement le désir de s'abstenir de tout rapport avec les compagnons donnés par le hasard; mais il serait imprudent d'établir avec eux des relations qui pourraient devenir désagréables ou fâcheuses. On se tiendra par conséquent sur le terrain vague et banal des généralités, et l'on réservera pour ses amis la communication de ses goûts, de ses inclinations et de ses sympathies. Les relations que l'on noue facilement sont du nombre de celles que l'on conserve difficilement; les esprits frivoles, superficiels, les caractères légers et inconstants, sont seuls disposés à se lier avec des personnes dont le caractère leur est inconnu, et leur facilité à cet égard est un sûr garant de la facilité avec laquelle ils dénoueront des liens toujours éphémères pour eux.

En ce temps de locomotion, il est bien rare que l'on ne soit pas invité à faire des séjours plus ou moins prolongés à la campagne. Avant d'accepter l'hospitalité offerte, il est essentiel de faire un examen de conscience : on doit se demander si l'on est disposé à rompre avec toutes ses habitudes, afin d'accepter la règle de la maison où l'on va séjourner; si l'on est certain d'apporter à ses hôtes une humeur égale, un caractère accommodant, dépourvu de toute prétention, étranger à toute exigence; ces qualités sont indispensables lorsqu'il s'agit d'habiter avec des personnes qu'aucun devoir n'oblige à supporter nos défauts.

Malheureusement, il est rare que l'on se connaisse soi-même, et l'on éprouve généralement la plus tendre indulgence pour les défauts..... que l'on possède. On serait impitoyable si on les rencontrait chez autrui; mais, lors même qu'on les constate en soi, on leur trouve tant d'agréments particuliers que l'on ne peut se résoudre à admettre un jugement opposé chez les autres. Il faut donc procéder par indications directes, et noter quelques-uns des défauts qui nous rendent insociables, et absolument insupportables pour les personnes étrangères chez lesquelles nous pouvons être invités à séjourner.

Le premier de tous, celui qui les contient tous en germe, est la personnalité.

La personnalité, mélange de vanité et d'égoïsme, nous incite à prétendre substituer en toute circonstance nos goûts et nos habitudes aux goûts et aux habitudes d'autrui; elle veut tout bouleverser, tout remplacer, marquer sa trace et sa domination sur toute chose; peu lui importe le terrain sur lequel elle se place, l'essentiel pour elle est de régenter et de soumettre chacun à sa loi. Dès qu'un individu attaqué de personnalité se trouve admis dans une maison, il entreprend de changer toutes les règles qui en régissent les habitudes : il critiquera la composition du déjeuner, l'ordonnance du dîner; il donnera ses avis et ses ordres aux maîtres et aux domestiques; il entreprendra de prouver aux uns qu'ils ne savent pas diriger leur maison, aux autres qu'ils n'entendent rien à leur service. La moindre de ses fantaisiès, le plus absurde de ses caprices, revêtant à ses yeux un caractère à peu près sacré, il ne reculera pas devant leur accomplissement, lors même qu'il entraînerait pour ses hôtes la plus vive contrariété; il fatiguera les domestiques, il éreintera les chevaux, il disposera de toutes choses au gré de sa personnalité. S'il lui survient le plus insignifiant des *bobos*, toute la maison sera mise en réquisition pour combattre et adoucir son mal; s'il a un goût, une préférence pour un divertissement quelconque, il interdit à chacun d'avoir une inclination opposée; s'il désire se promener, toute la compagnie sera forcée de faire plusieurs lieues chaque jour; s'il veut aller à la chasse, il s'emparera du meilleur fusil, et s'adjugera le meilleur chien; s'il a des goûts casaniers, il entreprendra chaque jour une dissertation en plusieurs points pour prouver à tous les assistants qu'ils sont absurdes lorsqu'ils désirent prendre le plaisir de la promenade; s'il aime à jouer au billard, il y installera son quartier général, et ne voudra pas permettre qu'on s'en éloigne. En littérature, en musique, en peinture, il prétendra imposer ses opinions et les faire accepter par tous, comme étant les seules bonnes, fondées et éclairées. En cuisine même, il voudra tout courber sous son joug: il désolera la maîtresse de maison par les goûts les plus fantasques; il humiliera la cuisinière par ses critiques, ses observations et ses conseils; il ne comprendra pas que l'on soit assez arriéré pour ne point servir de l'eau de Seltz à tous les repas; il déclarera qu'il ne saurait s'en passer. Il professera sans cesse et à propos de tout, et chaque enseignement lui fournira l'occasion de blâmer les habitudes qu'il entreprend de réformer; il voudra déclouer les tableaux qui, selon lui, ne sont pas posés dans *leur jour;* déplacer les meubles, qui ne sont pas commodément disposés; faire porter dans sa chambre l'un des fauteuils du salon, seul siége qu'il trouve à son gré. Enfin, il ne se lassera pas de se montrer en toute circonstance l'homme le plus insupportable, l'hôte le plus incivil, le compagnon le plus exigeant; et ceux qui ont eu la funeste inspiration de l'admettre sous leur toit, compteront les jours et les heures qui les séparent du bienheureux moment où l'on sera délivré de cette importune présence.

Il ne faut pas accuser ce portrait d'être chargé : si même l'on a été préservé de connaître de près la personnalité portée à ses limites extrêmes, et présentant les traits qui viennent d'être indiqués, chacun a pu observer isolément quelques-uns des détails auxquels on reconnaît l'être personnel; ses défauts sont antisociaux, antichrétiens, et l'on ne saurait s'appliquer avec trop de soin à les combattre en soi. *Tout pour moi et par moi*, telle est la devise et à la fois la condamnation de la personnalité.

Le portrait de l'être personnel ne suffit-il pas pour indiquer la ligne de conduite qui doit être observée lorsqu'on accepte de séjourner chez des personnes étrangères? Pour être irréprochable au point de vue de la civilité, il suffit de prendre le contre-pied de tous les faits et géstes de l'être qui se rend insupportable à force d'égoïsme et d'exigences de toute nature: il est mécontent de tout; il faut se montrer satisfait de tout. Il faut réserver ses avis et ses conseils pour céux qui les réclament, et se soumettre aux habitudes contractées par les maîtres du logis dans lequel on élit un domicile temporaire; c'est à eux qu'il appartient de deviner vos goûts, et de tenter de les satisfaire.

On doit s'abstenir soigneusement de toute marque de désapprobation sur la maison dans laquelle on reçoit l'hospitalité, sur la contrée et ses habitants, sur l'organisation domestique, sur les habitudes du pays. Les Parisiens et les Parisiennes se montrent volontiers frondeurs et mécontents, sans s'apercevoir qu'ils font preuve en même temps d'ingratitude et d'injustice. Tout usage qui n'est point exactement conforme aux usages parisiens leur semble appartenir aux sauvages, et le Parisien pur sang exprime son étonnement et sa désapprobation avec une franchise qui n'est pas autre chose qu'une variété de la niaiserie. Ceux qui connaissent beaucoup de choses sont rarement accessibles à la surprise, et peu disposés à blâmer. Parmi les critiques systématiques, les uns sont de bonne foi parce qu'ils sont ignorants, les autres croient faire preuve d'une extrême délicatesse et d'une recherche épicurienne en désapprouvant tout ce qui se fait chez autrui : les uns et les autres sont mal élevés.

On aura soin de s'enquérir de l'heure exacte marquée pour les repas, et l'on ne s'exposera jamais à se faire attendre. On se lèvera assez tôt pour se présenter au déjeuner avec une toilette simple, mais irréprochable, et l'on se gardera bien de cacher sous un bonnet une chevelure mal rangée. Avant de quitter sa chambre, on aura soin d'y mettre autant d'ordre que possible, afin de simplifier la besogne des domestiques. Il ne faut jamais oublier que les personnes peu habituées à se faire servir sont justement celles qui marquent aux domestiques des exigences et du mépris, pensant prouver ainsi des habitudes d'opulence; elles atteignent un but diamétralement opposé, et l'*office* ne tarde pas à leur rendre dédain pour dédain, en appliquant sans s'en douter l'axiome si connu : « Les airs méprisants sont toujours méprisables. »

C'est à la maîtresse de la maison qu'il appartient de choisir les distractions offertes aux hôtes de la maison; lors même que ces distractions sembleraient déplaisantes, on les acceptera avec empressement, en se souvenant que l'intention est bonne et mérite de la reconnaissance.

En toute circonstance, on usera de toutes choses avec la plus extrême discrétion. Quel que soit le sens que l'on attribue à cette qualité, la discrétion constitue le charme principal de la société; elle enseigne à respecter la propriété d'autrui, à user sobrement de ce qui est offert, à éviter de causer aucun dommage, à ménager enfin le bien, les opinions, les goûts des autres. Dans l'ordre moral, la discrétion nous commande de ne jamais chercher à nous immiscer dans les débats domestiques, dans les affaires de famille, dans les détails appartenant à la vie privée; et, si un hasard indépendant de notre volonté nous rend dépositaires de quelque secret, est-il besoin de dire ici que la probité la plus élémentaire nous interdit de le révéler? Il n'y a point d'êtres plus méprisables que les personnes indiscrètes. Elles profitent de leur admission au sein d'une famille pour chercher à découvrir, à connaître les faiblesses, les défauts ou les ridicules qui peuvent y exister, et les livrent en pâture à la malveillance. Le devoir de tout entendre sans jamais répéter ce que l'on a entendu ne doit pas, du reste, être circonscrit aux circonstances qui nous occupent en ce moment. La discrétion est toujours obligatoire, car sans elle la société deviendrait un enfer, et la paix quitterait la terre à tout jamais. Ceux qui répètent à tort et à travers ce qu'ils ont entendu ne semblent pas se douter qu'ils se rendent coupables, à la fois, d'improbité, de vulgarité et de sottise.

En ce monde, chaque devoir, quelle que soit sa nature, correspond à d'autres devoirs juxtaposés. Ceux qui offrent l'hospitalité doivent se préparer à s'occuper principalement de complaire à leurs hôtes, de prévenir leurs goûts, de fusionner leurs habitudes avec celles des personnes qu'ils reçoivent. Il ne faut pas cependant que ce soin se transforme en obsession, et l'on ne doit pas oublier que le plus précieux des biens est l'indépendance. On ne s'attachera point aux pas de son hôte, on lui permettra de se promener seul, s'il le désire; on lui laissera le loisir de faire quelques lectures, ou de s'occuper d'un travail quelconque, si l'oisiveté lui pèse. De part et d'autre, du reste, il ne faut pas oublier que nul n'a le droit d'imposer ses préférences à autrui, et qu'il faut penser aux autres avant de penser à soi-même. On n'y perd rien, entre gens également bien élevés.

Quand on quitte une maison dans laquelle

on a fait un séjour, l'usage veut qu'on donne des gratifications aux domestiques. Cela n'est que justice : ils ont eu un surcroît de besogne qu'il est équitable de rémunérer. Il serait difficile d'indiquer, même approximativement, le chiffre de cette gratification; mais je dois dire que la générosité est de bon goût : en agissant avec parcimonie, on s'expose à un dédain qui n'est point immérité, car l'on prouve que l'on attache plus d'importance à la possession d'une pièce de 20 francs qu'à la satisfaction de ceux qui ont travaillé à votre bien-être. Si l'on ne peut se montrer généreux, il faut refuser toutes les invitations, et fuir absolument les occasions où l'on serait forcé de se montrer parcimonieux. En aucun cas la maîtresse de maison ne doit intervenir pour régler, même indirectement, ces gratifications. Cette recommandation fera probablement sourire mes lectrices; j'affirme cependant qu'elle n'est point absolument inutile : il est des maîtresses de maison qui prennent trop à cœur les intérêts de leurs domestiques, et qui ne manquent pas d'avertir leurs hôtes que tel visiteur s'est montré fort généreux envers la cuisinière et la femme de chambre, que tel autre s'est attiré leurs malédictions par son avarice.

X.

USAGES A OBSERVER DANS LES PRINCIPALES CÉRÉMONIES. — LE BAPTÊME. — LES FIANÇAILLES. — LE MARIAGE.

La première, la plus importante des recommandations qui doit prendre place ici, est celle de se conformer scrupuleusement aux habitudes de la localité que l'on habite. Les usages que je vais indiquer comme étant ceux de Paris se modifient parfois dans les autres villes, et il serait incivil de prétendre déroger aux coutumes adoptées par les habitants de la contrée dans laquelle on se trouve.

Les fonctions de parrain sont en général assez onéreuses, et imposent des devoirs considérables à celui qui veut les remplir dignement; il importe par conséquent de ne point les imposer à ceux qui pourraient être contrariés de cette charge. Afin d'éviter des demandes indiscrètes quelquefois, délicates toujours, on prend chaque jour davantage l'habitude de choisir les parrains et marraines dans le cercle de la famille; là on est à l'aise pour diminuer et pour se partager les obligations attachées à ces fonctions; il ne faut point se dissimuler qu'elles constituent une sorte d'adoption, et qu'en acceptant d'être le parrain d'un enfant, on prend l'engagement tacite de veiller sur lui si ses parents venaient à lui manquer. Il convient donc d'imposer les devoirs de cette protection seulement à ceux qui consentent à l'exercer, ou bien à des parents dont les obligations ne sont pas augmentées par ces charges.

On ne choisira pas, par conséquent, un parrain plus riche que soi (à moins qu'il ne se soit offert lui-même), afin d'éviter le soupçon de spéculation qui pourrait s'attacher à un choix disproportionné. Si l'enfant a encore ses grands parents, et s'il est le premier-né de la famille, il aura pour parrain son grand-père paternel et sa grand'mère maternelle; un deuxième enfant est ordinairement présenté au baptême par son grand-père maternel et sa grand'mère paternelle; cette règle est généralement suivie à Paris. A défaut de *grands parents*, on choisit les parents les plus proches, ceux qui, par leur âge, sont considérés comme les chefs de la famille. A défaut de ceux-ci, on s'adresse aux parents qui sont à peu près les contemporains du père et de la mère, ou enfin à des amis.

Si le parrain fait partie de la famille, ou bien s'il s'est offert de lui-même, s'il possède une fortune qui lui permette d'être généreux, on le laissera libre d'agir à sa guise en ce qui concerne les présents, plus ou moins considérables, qu'il lui conviendra d'offrir. Dans toute autre circonstance, la mère de l'enfant préviendra le futur parrain qu'elle n'acceptera aucun objet représentant une valeur élevée; elle donnera cet avertissement sans ostentation de désintéressement, sans attacher à ce sujet une importance qu'il ne comporte pas, mais en insistant amicalement sur le déplaisir qu'elle éprouverait si l'on ne se conformait pas à ses intentions. Tout en s'y soumettant, le parrain offrira cependant à la mère un objet qu'elle pourra conserver comme un souvenir de cette importante cérémonie. Il choisira une petite timbale en argent, marquée aux initiales de l'enfant, ou bien un bijou dont la valeur sera peu considérable, eu égard à la relation qui existe entre le présent, la fortune de celui qui l'offre, et de celle qui le reçoit; car il s'agit, je le répète, de consacrer le souvenir du baptême, non de faire acte d'ostentation. Cette règle est absolue, lorsque la position du parrain est égale à celle des parents de l'enfant; si, au contraire, le parrain est beaucoup plus riche que ceux-ci, il pourra montrer autant de générosité que son caractère en comporte, et faire aux parents des présents offrant une utilité réelle. Dans le premier cas (à position égale), le parrain donnera à la mère une petite pièce d'argenterie, ou bien une broche, ou bien des boutons de manchette, ou bien une agrafe de ceinture, etc. Dans le deuxième cas, le présent aura une valeur intrinsèque, et, tout en augmentant l'importance des objets d'argenterie, on pourra ajouter un objet de toilette en harmonie avec la position de la mère, et l'on donnera une robe ou bien un châle, etc.

Quelle que soit la situation du parrain vis-à-vis de la famille du nouveau-né, il apportera ou enverra, le jour du baptême, un bouquet de fleurs naturelles, ou bien une jardinière contenant un arbuste, et plusieurs boîtes de dragées, dont le nombre varie de six à douze, et au-dessus. Il enverra en même temps le souvenir qu'il offre à la mère de son filleul.

La marraine ne doit pas être désignée sans que l'on ait consulté le parrain sur ce choix. Il lui enverra, le jour du baptême, des fleurs naturelles, des boîtes de dragées en même quantité que celles offertes à la mère, et enfin une boîte contenant six ou douze paires de gants; il peut y joindre une *inutilité* quelconque, un petit objet d'étagère, ou un couteau à découper le papier, etc. Ce dernier présent n'est nullement obligatoire. En aucun cas, le parrain ne peut offrir un cadeau représentant une valeur élevée, à moins d'être parent de la marraine.

Il viendra chercher la marraine chez la mère de l'enfant, en voiture si tel est l'usage de la ville que l'on habite; il se placera avec la marraine dans le fond de la voiture; la femme qui porte l'enfant et le père de celui-ci occuperont le devant de la voiture; celle-ci précédera les autres voitures qui transportent la famille et les amis.

Que le cortége soit venu en voiture ou à pied, son ordre demeure toujours le même : la femme qui porte l'enfant entre la première à l'église; elle est suivie par le parrain, qui donne le bras à la marraine; viennent ensuite le père, les parents et les invités. Pendant la durée de la cérémonie, le parrain se tient à droite, la marraine à gauche de l'enfant. Tous deux répondent aux questions qui leur sont faites par le prêtre officiant, et récitent les prières lorsqu'ils en reçoivent l'invitation. Lorsque le prêtre étend la main sur la tête de l'enfant, ils répètent ce geste, en ayant soin de déganter leur main droite; on leur remet un cierge allumé qu'ils tiennent dans la main droite pendant le reste de la cérémonie; lorsqu'elle est terminée, on dresse l'acte de baptême; le parrain et la marraine le signent avant tous les autres.

Le parrain paye seul tous les frais de l'église. On se borne parfois à poser sur la table l'argent destiné au prêtre; il est de meilleur goût de lui présenter une boîte de dragées, parmi lesquelles on a placé l'argent qu'on lui offre. Le parrain donne aussi des gratifications au suisse de l'église, au bedeau, à la femme qui porte l'enfant et à la nourrice.

La marraine donne à l'enfant sa layette, ou simplement la robe et le bonnet de baptême; elle envoie à la mère un petit souvenir, un bouquet de fleurs naturelles, ou une jardinière contenant des fleurs. Parfois elle remet une gratification à la nourrice et à la garde de la mère, mais cela n'est pas obligatoire.

Le parrain reconduit l'enfant et aussi la marraine; tous deux font un présent à leur filleul, le jour de l'an, et au jour de son mariage.

Si l'on veut bien analyser chacun des usages qui viennent d'être indiqués, on se convaincra aisément qu'il n'en est aucun dont l'apparente puérilité ne cache quelque mobile sérieux ou quelque attention courtoise. Les devoirs imposés au parrain sont plus considérables que ceux réservés à la marraine, parce que le premier a, de par la nature et la société, plus de ressources pour s'acquitter de son rôle de protecteur. Ses offrandes à la mère et à la marraine représentent, quelle que soit leur valeur, non des présents, mais des souvenirs; ils sont, pour ainsi dire, les gages du contrat tacite par lequel il promet de veiller sur son filleul. A l'église, dans laquelle il vient sceller cet engagement, il précède même le père de l'enfant, parce qu'il remplit en cette circonstance le rôle le plus important : il est le père d'adoption, il promet de contribuer par tous ses efforts à la bonne conduite de l'enfant qui va porter son nom. Toutes les autres formalités qui viennent d'être indiquées se rattachent aux lois du savoir-vivre, qui imposent aux hommes, en toute circonstance, l'obligation d'épargner aux femmes tous les petits ennuis qu'ils peuvent leur faire éviter.

La cérémonie des fiançailles est tombée en désuétude; mais on désigne encore par le mot *fiancés* les personnes entre lesquelles un mariage est décidé. A Paris, dès qu'un *fiancé* est agréé, il a le droit d'offrir des fleurs à sa *fiancée*, et de faire une visite quotidienne aux parents de celle-ci; mais il ne les accompagne pas dans les réunions et dans les lieux publics : il s'y rend de son côté, et, devant les étrangers, il est traité, quoique affectueusement, comme un étranger. La prudence, en cette circonstance, inspire les lois imposées par le bon goût. Un mariage, quoique décidé, peut être rompu, et il est toujours pénible pour un père et une mère d'avoir trop vite adopté un homme qui redevient étranger à leur famille. C'est la même prévoyance qui interdit au fiancé d'offrir aucun présent à la famille de sa future, moins encore à celle-ci. En cas de rupture des projets de mariage, il est impossible de conserver ces objets qui rappellent des souvenirs pénibles, et leur renvoi, puéril lorsqu'il s'agit de présents peu importants, envenime la situation par le contraste qu'ils établissent entre les circonstances dans lesquelles ils ont été offerts et celles qui président à leur restitution; on agira donc sagement, selon les règles observées par les gens bien élevés, en s'abstenant mutuellement de tout présent.

La corbeille est envoyée à la fiancée la veille du jour fixé pour la célébration du mariage. Cette corbeille est un coffret plus ou moins grand, en bois plus ou moins précieux;

il porte les initiales, non de la jeune fille, mais de la jeune femme, c'est-à-dire l'initiale de son nom de baptême et celle du nom de famille de son mari. Le coffret contient un ou plusieurs châles de cachemire, longs ou carrés, et, selon la fortune des *parties contractantes* (style de notaire), des bijoux, une ou deux garnitures de dentelle, un porte-monnaie, un carnet pour cartes de visite, etc.

La corbeille de mariage est considérée trop souvent, à Paris, comme l'affaire la plus considérable de la vie; elle est devenue la principale, le mariage n'est plus qu'un accessoire. Des mères imprudentes et vaniteuses ont parfois entraîné ou forcé le consentement de leur fille en leur parlant des splendeurs de la corbeille qu'on leur destinait. Qu'importent le caractère, la moralité, l'intelligence, l'instruction de leur futur gendre? il s'engage à donner une corbeille plus belle que toutes celles offertes aux jeunes filles que l'on connaît! Dès lors tout est dit, il faut se hâter de conclure. — D'autres *font leurs conditions;* elles déterminent la somme qui doit être consacrée aux emplettes; elles choisissent elles-mêmes, elles marchandent les objets qui doivent être offerts à leur fille.

Toute mère bien élevée s'abstiendra soigneusement d'intervenir dans ces détails. Le fiancé, s'il n'a point de mère, point de parente qui puisse l'aider de ses conseils dans cette circonstance, s'adressera à une personne amie, et se bornera à connaître, en interrogeant sa belle-mère, les couleurs préférées par sa fiancée. Il devra recourir à la famille de celle-ci, seulement en cas extrême, s'il était étranger à la ville qu'elle habite, et afin d'éviter de faire quelque maladresse en faisant ses emplettes. Dans tout autre cas, les consultations, les petits débats qu'elles entraînent, doivent être évités, car ils froissent les sentiments délicats, et ils peuvent introduire dans la famille des germes de discorde, si la belle-mère se montre trop exigente et si le gendre pose à sa générosité des limites trop restreintes.

Le fiancé joindra à la corbeille des présents destinés à chacun des frères et des sœurs non mariés de sa future; ni celle-ci, ni sa famille ne font aucun présent au fiancé. Il y a cependant, dans certains pays et certaines villes, des exceptions à cette règle; on doit alors se conformer à la coutume du pays que l'on habite.

Durant tout l'espace de temps qui s'écoule entre l'acceptation de la demande en mariage et la conclusion du mariage, le fiancé, s'il est bien élevé, évitera d'agir trop familièrement avec ses futurs parents ; il peut être empressé, affectueux; mais il ne doit user qu'avec une extrême réserve des prérogatives attachées à sa position de fiancé. S'il se trouve dans une réunion dansante, il ne prétendra pas accaparer sa future, et l'empêcher de danser avec d'autres hommes; il ne se tiendra pas près d'elle comme un gardien jaloux; il n'oubliera pas enfin que rien ne saurait être de plus mauvais goût que la manifestation publique de nos sentiments, fussent-ils les plus legitimes du monde. Sa situation l'autorise à une assiduité plus grande et lui permet des soins plus minutieux ; mais il ne peut y trouver une excuse pour afficher, vis-à-vis des étrangers, un empressement excessif, qui n'ajoute rien du reste à la sincérité et à la force de l'affection. Le fiancé doit se borner à être en toute circonstance un ami, un protecteur attentif et dévoué pour sa future famille : il faudrait plaindre celle-ci s'il adoptait les façons d'un maître.

On a pris à Paris, depuis un certain temps, l'habitude de se rendre à la mairie la veille du jour fixé pour la célébration du mariage religieux; celui-ci devant être accompagné d'une messe, on comprend que le danger de subir quelque retard à la mairie ait fait naître l'usage de contracter un jour à l'avance le mariage civil. Les mariés se rendent à la mairie en costume *de ville*, accompagnés chacun de leur père et mère et de leurs témoins. Il est de bon goût d'éviter toute pompe pour cet acte purement civil.

Pour se rendre à l'église, la mariée monte dans la première voiture, et se place au fond, à droite, près de sa mère ou de la personne qui la représente; vis-à-vis d'elle se trouve son père et le plus proche parent; la seconde voiture est occupée par le marié et sa famille; puis viennent les témoins et les invités.

Le cortége se forme de la manière suivante pour entrer à l'église : la mariée donne le bras à son père, le marié à sa mère, le père de celui-ci à la mère de la mariée; la famille de celle-ci, et les personnes invitées par elle, se placent à gauche de l'église, tandis que la famille du marié et les personnes invitées par cette famille occupent la droite de l'église. Le *poêle* ou dais est tenu par les plus jeunes parents; la quête est faite par une sœur ou une jeune parente des époux, désignée pour remplir les fonctions de *demoiselle d'honneur;* le jeune homme qui est *garçon d'honneur* lui donne la main lorsqu'elle fait la quête. On se rend à la sacristie dans l'ordre observé pour entrer dans l'église. Lorsque l'acte de mariage a été signé par les nouveaux époux, leur famille et les témoins, le père du marié donne le bras à sa belle-fille, le marié à sa belle-mère, le père de la mariée à la mère de son gendre, et l'on remonte en voiture. Cette fois la mariée se place près de sa belle-mère, son beau-père et son mari occupent le devant de la voiture.

Le déjeuner ou le dîner sont offerts par la famille de la mariée; celle-ci occupe la place d'honneur entre son père et son beau-père; vis-à-vis d'elle, son mari est assis entre sa mère et sa belle-mère.

L'usage des *bals de noces* est tombé en désuétude à Paris.

XI.

L'INEXACTITUDE. — L'ATTENTION. — LES ATTENTIONS.

Parmi les personnes qui se croient bien élevées parce qu'elles connaissent et pratiquent les usages de la politesse, il en est un grand nombre qui manquent à l'un des plus stricts devoirs qu'elle commande. Considérant la forme sans se préoccuper du fond, ces personnes peuvent être suffisamment polies, quoiqu'elles se montrent inexactes en toutes circonstances. Ce défaut, si incommode pour ceux qui se trouvent en rapport avec les personnes qui en sont affligées, a dans le caractère des racines plus profondes qu'on ne le pense. Il ne suffit donc pas de le combattre dans ses conséquences, il faut remonter à son origine, et, si nous découvrons qu'il se lie étroitement à des sentiments opposés à la délicatesse, à la justice, à la générosité, il nous sera plus aisé de le faire paraître tel qu'il est, c'est-à-dire non moins haïssable dans ses causes que dans ses effets. Faute de restituer à certains défauts leur origine véritable, on n'en mesure pas la portée, et l'on n'en combat point les manifestations, car on méconnaît la gravité des conséquences qu'entraîne un défaut, lorsqu'on n'analyse point scrupuleusement les sentiments dont il est la déduction logique.

L'inexactitude est considérée par un certain nombre de femmes comme une charmante étourderie, dont elles se garderaient bien de se corriger, car elles croiraient y perdre une grâce. L'humeur enfantine, capricieuse, la légèreté, la versatilité, ne figurent plus à notre époque parmi les charmes féminins, et sont reléguées parmi les défauts graves. Quel que soit l'âge auquel nous prenions la femme, jeune fille, épouse, ou mère de famille, nous ne voyons, à aucune époque de son existence, la place qu'un défaut de ce genre pourrait occuper sans inconvénient. Durant les deux derniers siècles, la société, dont on connaît, dont on étudie seulement la surface, nous offre sans doute de nombreux exemples de caractères frivoles, inconséquents, absolument dépourvus de tout sentiment sérieux, et dont on divinisait les défauts; mais ces défauts seraient un anachronisme aujourd'hui, et il importe de mettre la femme à la hauteur de sa mission actuelle, de prouver qu'elle n'est plus une poupée, un être inconscient et inconsistant, toujours en opposition avec la raison. Il n'est donc pas inutile d'examiner, à propos de *civilité*, l'origine d'un défaut qui, en nous rendant insupportable pour notre entourage, implique rigoureusement l'absence de certaines qualités essentielles.

L'inexactitude provient de l'égoïsme et de la vanité, combinés avec une certaine dose d'indélicatesse, d'iniquité et de négligence. L'égoïsme, pris isolément, ne suffit pas pour produire l'inexactitude, car il existe une variété d'égoïstes éclairés, qui ne font point peser sur autrui le poids de leurs défauts, afin de se préserver de la réciprocité; la vanité, venant se joindre à l'égoïsme, nous persuade que les *autres* sont faits pour nous attendre, et, grâce à cette persuasion inique, nous volons le bien le plus précieux, celui qui ne peut être restitué et dont la perte ne peut jamais être réparée, c'est-à-dire le temps. Les personnes inexactes prouvent par leurs actions qu'elles croient être en possession d'une supériorité leur conférant des priviléges tout particuliers, dont elles usent sans remords; d'autres sont inexactes, parce que la négligence et l'incurie sont les traits dominants de leur caractère. Elles oublieront l'heure d'un rendez-vous, ou bien elles y manqueront, parce qu'un autre projet plus imprévu, par conséquent plus séduisant, se sera offert à elles; mais, comme elles ne sont pas foncièrement égoïstes et injustes, elles toléreraient chez les autres l'inexactitude dont elles se rendent coupables; elles emprunteront des livres qu'elles ne restitueront pas, ou qu'elles rendront maculés, déchirés, dépareillés, mais elles ne songeront pas à réclamer ceux qu'elles ont prêtés. Cette variété d'êtres inexacts est encore la moins haïssable de toutes : ce qui blesse le plus ici-bas dans le commerce avec nos semblables, c'est l'iniquité, c'est la prétention aux priviléges, c'est l'impertinente persuasion que nous pouvons donner nos défauts en échange des qualités d'autrui.

Si nous allons plus loin dans l'analyse de

l'inexactitude, nous touchons à des points plus graves, mais qui sont malheureusement inséparables de ce défaut. Une probité scrupuleuse ne s'allie jamais à l'inexactitude. Pour une personne probe, tout engagement est sacré, quel que soit son objet; elle ne mesurera pas son exactitude à l'importance de cet objet, elle l'attachera à l'accomplissement de la promesse qu'elle a faite, et, quels que soient les motifs qui pourraient l'inviter à y manquer, elle ne se croira jamais autorisée à préférer ses intérêts à ceux d'autrui, lors même que les premiers seraient plus importants que les derniers.

L'inexactitude est incompatible avec l'ordre; il ne faut point essayer de s'en excuser, en la rejetant sur la multiplicité des occupations; chacun sait que les personnes les plus occupées sont en même temps les plus exactes, et il ne saurait en être autrement, puisqu'elles connaissent la valeur du temps. Les gens oisifs, au contraire, sont toujours disposés à dépenser les heures sans les compter, et par conséquent sans prévoir le tort qu'ils peuvent causer en se montrant inexacts. Ils feront attendre un professeur, sans réfléchir qu'en lui volant son temps, on diminue ses ressources; ils renverront une ouvrière, sans se souvenir que l'emploi exact de ses heures est indispensable pour gagner son pain quotidien. On le voit, l'inexactitude est un défaut à facettes, qui, parmi des origines diverses, reflète plusieurs fois et sous plusieurs formes l'égoïsme et l'indélicatesse.

Il ne faut donc pas se faire sur ce point des illusions douces et commodes; il ne faut point croire que ce défaut peut être rangé parmi ceux qui sont tolérés chez les femmes. La jeune fille qui se fait attendre par ses compagnes, qui se trouve en retard dans toutes les circonstances se produisant dans la vie commune, ne sera pas une femme attentive, une mère soigneuse, une amie sûre. Le jeune garçon qui n'est jamais prêt à l'heure indiquée pour ses leçons, pour les repas, pour les promenades, court le risque de devenir un fléau pour sa famille, car, lorsqu'il sera indépendant, il préférera ses plaisirs à ses devoirs, et se montrera inexact dans les affaires les plus importantes. On ne fait point la part d'un défaut, on ne lui assigne pas une barrière qu'il ne peut franchir; du moment où il existe, où l'on ne prend pas la peine de le combattre, ce n'est point seulement dans les circonstances frivoles qu'il exerce son action, et celle-ci s'étend à toutes les obligations qui nous sont imposées ici-bas, en nous invitant à secouer leur joug bienfaisant.

C'est pour toutes ces raisons réunies que la politesse exige la plus sévère ponctualité, car la politesse n'est autre chose que le devoir d'épargner à autrui la connaissance et les conséquences de nos défauts. Louis XIV, qui était l'homme le plus poli du siècle le plus poli, était aussi l'homme le plus exact. Il a indiqué cette qualité par un mot devenu célèbre, mais qui doit et peut s'étendre à tout le monde aujourd'hui, puisque l'égalité des droits implique toujours l'égalité des devoirs. Toute personne bien élevée soumettra sa conduite à une règle absolue, et disposera ses occupations de façon à ne se faire jamais attendre. Pour arriver à ce résultat profitable pour tout le monde, il suffit de ne jamais remettre au dernier moment l'exécution d'un travail, quel qu'il soit, et d'employer sans cesse le présent à préparer l'avenir, lors même qu'il ne s'agirait que d'une lettre à écrire, d'une disposition quelconque à prendre. C'est seulement à ce prix, c'est-à-dire à la condition d'appliquer la prévoyance aux petites comme aux grandes choses, que l'on obtient la ponctualité, qui rend notre commerce agréable à nos amis, notre direction utile à la famille, et notre coopération avantageuse aux affaires que nous pouvons être appelées à gouverner, lorsque le chef d'une famille vient à lui manquer.

Si jamais sujet fut opportun à traiter, c'est sans nul doute celui qui est inscrit en tête de ce volume. Il faut bien l'avouer, la politesse fait défaut à notre génération, et menace de disparaître avec les vieillards qui en ont conservé les traditions, le fond et la forme. Tout cela manque à la fois à nos contemporains, qui se sont fièrement affranchis des petits devoirs, ce qui ne prouve nullement, quoi qu'ils en disent, qu'ils sachent s'acquitter des devoirs sérieux. La politesse ne rend pas meilleur, disent aujourd'hui les jeunes gens, les jeunes femmes et même les jeunes filles; ce point prêterait, je crois, matière à controverse, car il ne me semble pas prouvé que de constantes habitudes extérieures de douceur et de renoncement soient impuissantes à modifier un caractère âpre, violent et personnel. Mais, lors même que la politesse n'aurait pas de résultat autre que celui de nous faire *paraître* meilleurs, cela devrait suffire pour la préserver de la décadence dans laquelle elle est tombée à l'époque actuelle.

Parmi les menus devoirs que la civilité nous impose, il en est un si complétement négligé aujourd'hui qu'il faut se hâter d'en fixer les caractères extérieurs, lesquels courent le risque d'être totalement effacés dans un avenir très-prochain. Il s'agit du grand art d'écouter, de l'attention que nous devons accorder aux paroles prononcées par autrui. Ceux qui s'écoutent eux-mêmes n'écoutent jamais les autres. Pénétrés de leur propre supériorité, convaincus de l'infériorité de leurs semblables, ils ne veulent pas soumettre leurs éminentes facultés à l'obligation d'écouter des discours qu'ils jugent d'avance devoir être insignifiants. Quand on leur parle, ils se plongent dans leurs propres pensées, pour se dispenser d'écouter, et, lorsqu'ils peuvent reprendre la parole, ils rompent sans aucune transition avec le sujet qui vient d'être traité, pour donner à la conversation le tour particulier qui leur convient. Quel que soit le motif du manque d'attention, il est toujours particulièrement blessant, parce qu'il implique le mépris et semble dire à tout venant : « Qu'y a-t-il de commun entre vous et moi ? » Beaucoup d'individus affectent l'inattention, parce qu'ils la considèrent comme une manifestation de la distance qui sépare leurs hautes facultés des puérilités auxquelles le vulgaire s'intéresse. Sur ce point comme sur tous les autres, l'affectation fait fausse route : les esprits réellement supérieurs ne dédaignent rien, parce qu'ils savent découvrir en toutes choses des détails dignes d'intérêt ou d'observation.

Ne point écouter ou bien prêter son attention avec un air froid, distrait, qui déconcerte la parole, qui paralyse l'effusion et fait naître le ressentiment, telles sont les habitudes des individus qui pensent être supérieurs à leur entourage, et croient prouver leur supériorité par l'indifférence. Le sentiment vaniteux qui donne naissance à ces habitudes éclate d'une façon si visible, qu'il suffit pour créer l'isolement autour de l'être qui ne sait pas écouter; les indifférents l'évitent; ses amis, s'il en a, se détachent de lui, et, pour peu qu'il porte dans son intérieur cette attitude superbe, il parviendra même à dissoudre les liens de famille. Il est bien facile d'éviter ces tristes mais inévitables inconséquences, de faire naître la sympathie au lieu d'éveiller l'hostilité, de se créer un entourage bienveillant, au lieu de provoquer les dangereuses explosions d'un mécontentement général : il suffit pour cela de savoir écouter avec patience, avec intérêt, avec la résolution de dérober à ceux qui parlent toute trace de l'ennui qu'ils peuvent nous causer. Ici, comme toujours, la charité est d'accord avec la politesse.

L'*attention* est l'une des formes des *attentions* que nous devons à nos semblables, si nous voulons que ceux-ci nous soient favorables. Ceux qui trouvent dans leur cœur les sentiments de bienveillance et de générosité qui inspirent la véritable politesse n'ont pas besoin, pour se montrer polis, de donner à leurs actions un mobile personnel. Mais il est d'autres individus qui n'ont peut-être jamais pesé les inconvénients de la grossièreté, les avantages de la civilité. Ils sont franchement égoïstes, et ne veulent s'imposer au profit de la société aucune contrainte, si légère qu'elle puisse être. C'est ceux-ci que je voudrais persuader, car tout le monde y gagnerait. Qu'ils ne se renferment pas en eux-mêmes en se disant qu'ils n'ont besoin de personne. Quelle que soit la part qui nous ait été accordée par la destinée, nous avons tous besoin les uns des autres. Tous les rapports sociaux, qui s'alimentent de légères concessions mutuelles, ne sont pas seulement des liens gênants, ils sont en même temps des appuis que l'on ne peut rejeter sans se nuire à soi-même. L'être qui n'a jamais été dirigé dans ses actions que par des vues personnelles s'aperçoit tôt ou tard qu'il a fait fausse route, et que sa passion dominante, plus opiniâtre qu'éclairée, se trouve trompée, par cela même qu'elle n'a tenu aucun compte de la solidarité qui unit la famille humaine. L'égoïsme comporte la dose d'aveuglement qui accompagne toutes les passions humaines, quel que soit leur objet; ceux dont il est le principal mobile se montrent insatiables dans l'absorption de toutes les forces, de tous les sentiments avec lesquels ils peuvent se trouver en contact; mais le sol sur lequel on sème l'exigence devient forcément stérile; l'égoïste servirait mieux ses intérêts s'il se répétait moins souvent le mot de Médée : *Moi! et c'est assez.*

XIII.

DU RÔLE DES FEMMES COMME GARDIENNES DE LA POLITESSE.

On répète sans cesse que les belles traditions de la politesse française se perdent chaque jour; que ces habitudes courtoises qui répandaient tant d'agrément dans les relations sociales sont ignorées ou dédaignées par la jeunesse masculine de notre époque; que l'on y a substitué des façons cavalières, lesquelles, sous prétexte d'agir conformément aux lois d'une honorable franchise, permettent à chacun d'étaler au grand jour toutes les laides conséquences de l'égoïsme. Les femmes ont mauvaise grâce à tenir ce langage; et, lorsqu'elles gémissent sur l'impolitesse masculine, elles me font souvenir de ces parents qui constatent en soupirant la mauvaise éducation et l'indocilité de leurs enfants. On pourrait répondre, dans l'un et dans l'autre cas, à ces ne doit jamais imputer à une qualité les excès commis en son nom, et il faut s'appliquer à lui conserver son véritable caractère, en élaguant tous les abus qui y ont été attachés.

Le décorum n'est autre chose que le respect de soi et des autres, appliqué à toutes les circonstances de la vie. Or Bridoison n'avait pas tout à fait tort lorsqu'il proclamait avec tant de persistance les bienfaits de la fo-o-orme. Réduite à sa véritable expression, l'humanité n'est point un composé de vertus et d'agréments; la *fo-orme* s'empare de l'individu, le jette dans un moule qui le contraint à réprimer ceux de ses instincts qui sont préjudiciables au bonheur et à l'agrément de ses semblables, et l'oblige ainsi à offrir à la société tout au moins l'apparence des qualités... lorsqu'il ne possède pas ces qualités.

Chacun est plus ou moins pénétré de la nécessité de revêtir ces dehors de convention dont la société, usant du droit incontestable qu'elle possède, punit sévèrement le dédain, en excluant de son sein tous ceux qui ne veulent point se soumettre aux lois établies par elle; mais il arrive bien souvent que l'on se délivre de ce joug lorsqu'on rentre dans la vie privée; et ceux-là même qui offrent des dehors irréprochables dans leurs relations extérieures, réservent pour le foyer domestique la manifestation non dissimulée des instincts les plus grossiers.

Cette absence de décorum enlève toute dignité et tout charme à la vie intérieure; son action n'est malheureusement pas limitée dans le cercle du présent; elle s'étend jusqu'à l'avenir, en imprimant dans l'esprit des enfants des exemples déplorables qui préparent une succession de générations vouées aux habitudes violentes et grossières.

On imagine volontiers que les préceptes suffisent pour l'éducation des enfants, et l'on détruit à tout instant le fruit de ces préceptes en les mettant en opposition avec les habitudes quotidiennes. La religion et la famille se réunissent pour commander aux enfants d'honorer leur père et leur mère; mais cela n'est-il point une lettre morte pour l'enfant qui assiste à des interpellations grossières, à des querelles violentes, et même aux injures réciproquement échangées entre son père et sa mère? Quels bienfaits sont attachés au décorum, à la politesse observée au foyer domestique, dans l'intérieur des familles, tout aussi scrupuleusement que dans un salon, envers des étrangers! Est-il donc si difficile de réprimer les éclats de la voix, l'âcreté des paroles, la grossièreté des reproches? Et comment ne pas essayer de réformer ces funestes habitudes, si l'on pèse les incalculables avantages attachés à la modération, à la douceur, à la considération que se témoignent mutuellement les chefs de la famille? Le respect des parents contient en germe tout l'avenir des enfants; ceux-ci n'accorderont pas la moindre confiance aux conseils, aux ordres qui émanent d'une autorité par avance dépouillée de tout prestige; si leur nature est bonne, juste et tendre, ils s'attacheront à celui qui, dans le ménage, représente la victime. Par contre, ils détesteront celui qui est en possession du triste rôle de tyran. Mais si, au contraire, les enfants ont des instincts d'iniquité et de lâcheté, s'ils ont le culte de la force, ils mépriseront le plus faible ou le meilleur de leurs parents, et, courtisans de la violence, ils en seront les complices et les imitateurs. Supposons encore que les torts soient mutuels, parfaitement égaux; les enfants mépriseront à la fois leur père et leur mère, imiteront leur langage grossier, et apporteront plus tard, dans leurs relations avec la société, les habitudes brutales qui les priveront de la sympathie de leurs semblables, et le manque de moralité qui sera le corollaire inévitable du mépris qu'ils auront éprouvé pour leurs parents et pour les avis qui émanaient de cette autorité sans force, parce qu'elle s'était déconsidérée elle-même.

Le décorum, observé pour chacun des membres d'une famille au profit de tous, doit se proposer le but d'éviter soigneusement toute parole, toute action, et même tout costume qui pourraient porter une atteinte quelconque à la considération : il s'agit, non-seulement de ne point blesser l'ouïe et la délicatesse, mais de ménager en même temps la vue, en lui évitant l'aspect des costumes d'intérieur ridicules ou malpropres. Ces soins sont minutieux, sans doute, mais ne coûtent plus rien dès qu'on en a pris l'habitude; c'est sur une accumulation de tout petits détails, qui semblent puérils lorsqu'on les considère isolément, que s'édifie toute chose en ce monde, et la paix domestique, le respect de la famille, celui des serviteurs, dépendent absolument de l'observance de tous ces détails, auxquels l'ensemble communique une extrême importance. La politesse envers les étrangers rapporte plus qu'elle ne coûte ; il en est de même pour la politesse qui règle nos actions dans la vie de famille ; seulement, dans le premier cas, les contraventions retombent directement sur ceux qui les commettent, tandis que, dans le second cas, elles se perpétuent de génération en génération, et donnent aux enfants une mauvaise éducation, qu'ils transmettent à leur tour à la génération qui leur succède.

Il faut aller au-devant de la principale objection faite par les sectateurs du *laisser-aller,* objection qu'ils varient à l'infini, et sur laquelle ils s'appuient pour donner à leurs défauts l'apparence d'une vertu. Selon eux, la politesse est de l'hypocrisie, et il est immoral de n'être pas grossier, tout au moins dans l'intérieur de la famille, pour lui donner l'exemple d'une noble sincérité. Si le fond fait absolument défaut, si l'on ne possède ni la générosité ni l'abnégation, ne vaut-il pas mieux en observer au moins l'apparence? En se conformant à tous les petits devoirs que ces qualités, lorsqu'elles existent, nous font accomplir tout naturellement, on peut espérer acquérir, par l'habitude, ce que la nature nous a refusé; et, en tous cas, cette *fausseté* qui inspire des soins délicats, des actes quotidiens de renoncement, ne saurait être en opposition avec les lois de la morale. D'ailleurs le cœur humain est si riche en sentiments opposés que toutes les organisations, même celles qui sont égoïstes, possèdent certains instincts de dévouement auxquels il ne manque que l'habitude et le développement; l'exemple et l'émulation demeurent rarement stériles, et bien souvent il suffit, pour corriger les caractères les plus insociables, de leur donner quotidiennement des preuves de générosité et de douceur. La comparaison est le plus puissant moyen d'action, car nul ne consent à se voir chaque jour dans un miroir qui reflète la laideur morale, et la montre d'autant plus haïssable qu'elle est plus rapprochée des qualités qui lui sont opposées.

Ces réflexions seront inutiles au plus grand nombre des femmes qui lisent ces lignes, mais elles ne songeront pas à me reprocher de les avoir placées ici, j'en suis bien certaine, si elles admettent comme moi la possibilité d'inspirer à quelques familles le désir d'éviter les tristes conséquences qu'entraînent les habitudes vulgaires et l'incivilité installée au foyer domestique.

Il existe une foule de menus usages, des nuances insaisissables, et par cela même impossibles à noter, qui sont pourtant considérées comme une pierre de touche indiquant avec précision la pureté ou l'alliage des sentiments et de l'éducation. Il serait absolument impossible de suivre ces menus usages dans tous leurs méandres, et l'on resterait forcément incomplet lors même que l'on en dresserait un catalogue très-détaillé. Il est plus facile et aussi plus efficace de remonter à l'origine de ces divers usages, et de discerner par cet examen ceux qui doivent être rejetés.

Ainsi, pour prendre un exemple entre mille, l'usage de désigner un individu par le nom de sa profession ou par son grade, implique une nuance de protection ou de familiarité. En parlant à un médecin, on ne l'appellera pas *docteur,* à moins qu'une certaine familiarité ne permette une sorte de désignation enjouée. En s'adressant à un militaire, une femme ne le désignera pas par son grade, *quel que soit celui-ci,* si elle veut éviter une apparence cavalière et militaire. Une femme bien élevée désignera *tous* les hommes auxquels elle parle par le simple mot *Monsieur,* à moins qu'il ne s'agisse de fonctionnaires très-haut placés; dans ce cas seulement on leur donne leur titre, et l'on dit *Monsieur le maréchal, Monsieur le préfet,* si les rapports que l'on a avec ces fonctionnaires sont officiels, s'ils se rattachent à leurs fonctions; mais, lorsqu'on les rencontre sur un terrain d'égalité, on ne dit pas *Monsieur le préfet,* et l'on dit quelquefois, dans le cours de la conversation, *Monsieur le maréchal.* Il en est de même en d'autres circonstances : ainsi, on ne désigne pas invariablement un général par son grade; en parlant *à lui,* on dira *Monsieur;* en parlant *de lui, devant lui,* on dira *Monsieur le général,* et, s'il n'existe pas une notable différence d'âge, si l'on n'est pas trop jeune pour se permettre cette abréviation, toujours familière, on dira *le général, le colonel.* On concilie ainsi le bon goût, qui ne permet guère d'employer les désignations usitées par la domesticité (laquelle donne toujours le titre, en le précédant du mot *Monsieur*), et l'innocente satisfaction accordée à l'amour-propre de ceux que l'on rencontre. Si leur grade est élevé, ils ne sont probablement pas indifférents au plaisir de l'entendre répéter devant eux, et il n'existe aucune raison pour leur refuser cette désignation. Seulement, je le répète, il faut éviter de désigner un individu seulement par son grade; les militaires seuls le font entre eux, et une femme qui s'adresserait à un capitaine, en l'appelant *capitaine,* au lieu de le désigner par le mot *Monsieur,* s'exposerait à exciter quelques sourires. Cela est permis à une femme âgée..... tout au plus, parce que la vieillesse est une dignité, et qu'elle autorise une sorte de familiarité, interdite à un âge peu avancé.

Toutes ces réflexions peuvent s'appliquer aussi aux titres nobiliaires; le bon goût repousse toute affectation, et condamne tout excès. Refuser absolument un titre constitue un manque de politesse, et semble même impliquer une sorte de basse envie; le donner sans cesse est une marque de servilité ou de sot enivrement causé par la vaniteuse satisfaction de se trouver en rapport avec des personnes titrées. On évitera par conséquent l'un et l'autre de ces écueils, et dans le cours de la conversation on placera le titre de la personne à laquelle on parle en le donnant directement ou indirectement; quant à donner le titre *tout court*, sans le précéder du mot *Monsieur*, c'est une preuve de mauvais goût, et cet usage n'a pu être propagé que par quelques fanatiques d'aristocratie, absolument étrangers aux habitudes du savoir-vivre. Une femme bien élevée ne désignera aucun des hommes qu'elle connaît uniquement par leur titre; elle y joindra toujours leurs noms, et, en leur parlant, elle les appellera *Monsieur*, à moins qu'il ne s'agisse de vieillards; dans ce cas, la désignation de *Monsieur le marquis*, *Monsieur le comte*, etc., reviendra le plus souvent dans la conversation, parce qu'elle est plus respectueuse. Pour résumer l'indication de toutes ces nuances imperceptibles, disons que le titre ou le grade, lorsqu'ils ne sont pas précédés par le mot *Monsieur*, composent une désignation trop familière pour être employée par une femme; que cette même désignation, précédée du mot *Monsieur*, est trop servile ou trop solennelle dans les rapports sociaux, et qu'en un mot, il faut concilier toutes ces nuances opposées, ainsi que cela vient d'être indiqué. On observera la même conduite vis-à-vis des femmes titrées. On sait que l'on ne désigne jamais les femmes par le grade *féminisé* de leur mari : on dit *Madame la maréchale*, mais non *Madame la générale*, etc. Cet usage est en vigueur dans quelques contrées de l'Europe, mais non en France. Personne n'a pu s'empêcher de sourire en lisant le récit de la naissance de Gœthe : on croyait que l'enfant était mort; tout à coup il fit un mouvement, et la grand'mère maternelle, s'adressant à sa fille, mère de Gœthe, s'écria, dans un transport de joie dont la violence ne lui fit pas cependant perdre de vue l'étiquette en vigueur dans le pays : « *Conseillère*, il vit! »

Le savoir-vivre se compose d'une innombrable variété de nuances, de concessions voilées, d'*intentions* sous-entendues, à peine indiquées, dont il est impossible de faire l'énumération exacte et complète; il faut l'étudier dans ses origines, non dans ses applications multiples; il faut se souvenir sans cesse qu'il représente la bonté, la charité, la générosité, la délicatesse, dans nos rapports avec nos semblables, et se préoccuper surtout de mettre ses actions d'accord avec ses sentiments; on sera certain alors de n'être jamais ridicule, et de ne manquer à aucune des lois que le savoir-vivre impose. Ainsi, pour prendre un exemple entre mille, on se lève pour donner une marque de respect lorsqu'on reçoit un ou plusieurs hôtes; et cependant, *en principe*, une maîtresse de maison ne se lève pas pour recevoir un homme. Mais l'action de recevoir *debout* l'étranger qui passe le seuil de notre porte ne marque pas seulement le respect; elle est en même temps la conséquence d'un sentiment d'hospitalité qui nous engage à aller au-devant de lui pour le placer et pour veiller à mille petits détails concernant son bien-être. Là encore on conciliera toutes choses avec un peu d'habileté : on ne *paraîtra* pas se lever pour donner une marque de respect; mais, comme une maîtresse de maison peut avoir des ordres à donner, des soins à prendre, elle profitera de cette circonstance pour quitter sa place, et s'occuper en même temps du nouveau venu; en tout cas elle se lèvera peur recevoir un vieillard.

C'est au tact, à l'intelligence féminine qu'il appartient d'appliquer toutes ces nuances à propos; les matières de ce genre ne peuvent être désignées avec précision, pas plus qu'il ne serait possible de donner un catalogue exact des demandes et des réponses, des dialogues et des conversations qui se produisent dans une réunion.

XII.

DÉCORUM. — MENUS USAGES.

Il est un mot tombé non-seulement en désuétude, mais en discrédit; on le ridiculise volontiers, et, après l'avoir exilé des mœurs modernes, on est bien près de l'exclure du langage, ou du moins d'en fausser le sens, en l'affublant d'apparences grotesques; ce mot est celui qui est placé en tête du sommaire de ce chapitre. C'est le décorum; et il faut quelque courage pour oser entreprendre sa réhabilitation, à une époque où le *sans-façon,* son antagoniste, compte un si grand nombre d'adhérents.

Quelques pédants ont outré le décorum; ils s'en sont servis pour dissimuler leur médiocrité, pour décorer leur vide, pour établir une barrière profitable à leur vanité; le décorum est ainsi devenu peu à peu le représentant de la nullité, le synonyme de l'hypocrisie; mais on plaintes déraisonnables, qu'en les formulant on se condamne soi-même, et que les inconvénients dont on gémit sont l'œuvre de ceux qui en souffrent.

A tout âge, et durant toute sa vie, une femme est la gardienne naturelle, l'initiatrice des bons sentiments, représentés, dans la vie mondaine comme dans la vie de famille, par les menus devoirs qu'impose la politesse ; c'est à elle qu'appartient la tâche de convaincre et de corriger, sans blesser l'amour-propre. Lors donc que les mauvais sentiments, se traduisant par des procédés grossiers, se rencontrent fréquemment, la faute n'en saurait être imputée qu'aux femmes : sœurs, mères, épouses, elles ont toute la vie devant elles pour exercer l'influence civilisatrice qu'elles représentent ici-bas, et lorsque cette influence demeure sans effet, c'est uniquement parce que les femmes ont déserté leur tâche, ou parce qu'elles l'ont imparfaitement remplie. On mérite toujours ce que l'on supporte ; j'engage mes lectrices à méditer cette vérité, qui est absolue, car elle s'applique à toutes choses. Si les femmes supportent des procédés qui impliquent le manque de respect, l'absence de considération, c'est...., je regrette de le dire, mais je ne puis m'en dispenser, c'est..... qu'elles n'ont pas la conscience de leur dignité, ni le sentiment de l'un de leurs devoirs.

Faut-il donc agir par les reproches directs et blessants, par le sarcasme, par le dédain? Ces moyens aboutiraient à un résultat diamétralement opposé à celui que l'on poursuit, et s'il se trouvait parmi mes lectrices quelques caractères inexpérimentés, ignorant la véritable force des femmes, je leur rappellerais que l'influence féminine, pour être puissante et bienfaisante, doit toujours passer inaperçue, et s'exercer sans avoir, pour ainsi dire, conscience d'elle-même. Du moment où la vanité cherche quelques satisfactions, du jour où la femme aspire à se poser en apôtre du bien, sa force décroît, et le but s'éloigne, parce qu'il s'abaisse : ce n'est plus en effet un résultat désintéressé qu'elle se propose; elle a pour principal mobile le plaisir de dominer, le besoin vaniteux d'être louée et admirée; et, juste châtiment d'un sentiment égoïste, elle n'est jamais si éloignée de recueillir la louange que lorsqu'il lui arrive d'agir seulement en vue de ce frivole résultat. Proclamer en toute circonstance le dessein de réformer les cœurs et les caractères, c'est proclamer en même temps son impeccabilité et la peccabilité d'autrui; prétendre relever les autres de leurs fautes, s'attribuer hautement la mission de corriger les imperfections de son entourage, c'est élever un temple à sa propre vanité en l'édifiant sur l'humiliation de ceux que l'on prétend corriger. En un mot, l'influence bienfaisante qui peut, qui doit être exercée par les femmes, est annulée dans son principe dès qu'elle n'a point le dévouement pour mobile, non-seulement principal, mais unique.

On croit trop généralement que l'éducation est terminée, pour une jeune fille lorsqu'elle sort de pension, pour un jeune homme lorsqu'il revient à la maison paternelle muni du diplôme qu'il a conquis : cette erreur est due à la confusion que l'on établit entre les études et l'éducation proprement dite. Celle-ci ne peut être que le fruit d'une expérience relative, d'un jugement rendu précoce par la bonne direction d'une mère ou d'une sœur. Si jeune qu'elle soit, une sœur a, en sa qualité de femme, des intuitions plus développées que n'en peut avoir son frère, lors même qu'il serait son aîné. C'est par lui qu'elle commencera l'exercice de cette douce influence, qu'elle continuera à travers les différents âges, en la modifiant, en y ajoutant, dans une juste mesure, lorsque le temps en sera venu, l'autorité et la dignité qui appartiennent à la mère. Mais, pour agir ainsi, la jeune fille devra agir d'abord, ou simultanément, sur elle-même; l'exemple est et restera toujours la plus efficace des prédications; ce n'est pas à force de sermons, de remontrances et d'avertissements qu'elle inspirera à son frère la bienveillance, la générosité, l'équité, représentées par la politesse dans nos actions quotidiennes; elle atteindra ce résultat désirable seulement en lui donnant chaque jour, et en toute circonstance, l'exemple de cette gracieuse abnégation qui double le prix des sacrifices grands et petits. Les bons effets produits par les procédés généreux ne sont pas instantanés, mais ils sont immanquables; ils attendrissent les âmes les plus revêches, ils ouvrent les cœurs les plus farouches, ils agissent enfin à la façon de la goutte d'eau qui, tombant toujours à la même place, réussit à creuser le granit. L'indulgence, la complaisance, la tendresse, manifestées par une sœur, peuvent suffire pour éveiller dans l'âme d'un jeune homme l'émulation des plus charmantes vertus; leur action sera d'autant plus puissante qu'elle ne se montrera jamais pédante, qu'elle ne prétendra jamais au rôle de réformateur; toujours simple, naturelle, cette action se révélera par des concessions quotidiennes, par une certaine tendance à s'imposer la plus lourde part des fardeaux ou des ennuis de l'existence, par le sacrifice des goûts personnels, par l'étude patiente, incessante des goûts d'autrui. La tendresse fraternelle est l'un des sentiments les plus doux, les plus élevés qu'il nous soit donné d'éprouver. Combien est grand cependant le nombre de ceux qui le dédaignent ou le méconnaissent! Combien usent les premiers jours de la jeunesse, ces jours durant lesquels nous sommes tous réunis sous le toit paternel, en querelles futiles, en débats obstinés, en récriminations passionnées! C'est ainsi que l'on gaspille ce temps précieux, qui pourrait servir à édifier de part et d'autre les affections les plus durables, celles que l'on retrouve en ces moments de douleur où l'isolement est aussi pénible que l'immixtion des étrangers

Si mes jeunes lectrices veulent m'en croire, elles mettront à profit les biens que Dieu leur envoie; elles écarteront tous les sentiments mesquins qui pourraient les séparer de leurs frères; elles rempliront près de ceux-ci, dès le plus jeune âge, la mission de paix et de tendresse qui est leur partage; elles effaceront les aspérités des caractères rudes et farouches en se montrant toujours empressées, dévouées, généreuses. Pour ceux qui ont quelque bonté, cet exemple constant, infatigable, suffira. Bientôt ils feront un retour sur eux-mêmes, ils se reprocheront leur apparence grossière, leurs habitudes égoïstes, d'autant plus vivement qu'on ne les leur aura pas reprochées. Quant aux autres... car il faut bien prévoir tous les cas...., quant aux autres, l'instinct de l'imitation, la vanité même, ne tarderont pas à conseiller un changement qui fera cesser le contraste humiliant de l'égoïsme opposé à l'abnégation. A l'honneur de l'humanité, le nombre des individus à la fois égoïstes et injustes est relativement peu considérable; lorsque la bonté ne les incline pas vers le dévouement, la raison leur conseille au moins la réciprocité, et, peu à peu, leurs habitudes se modèlent sur l'exemple qui chaque jour est placé sous leurs yeux. Les qualités possèdent, aussi bien que les défauts, le don de multiplication; celles-là, comme ceux-ci, se communiquent par contagion; l'intérêt bien entendu de toutes les créatures humaines, y compris les égoïstes, qui croient être bien habiles en ne songeant qu'à eux-mêmes, cet intérêt commande les ménagements mutuels, les égards, les attentions, qu'il serait plus honorable... mais peut-être moins efficace... de demander à la générosité de tous. Dans toute société, dans toute famille, chacun dispose ainsi des forces particulières, des qualités spéciales de tous les membres qui composent la société ou la famille. Voyez au contraire les êtres égoïstes, et par conséquent pauvres de cœur et d'esprit : pour éviter d'accorder leur aide, ils refusent tout service, toute concession aux goûts d'autrui ; chaque individu composant la famille vit retranché dans la forteresse de sa personnalité ; chacun invoque son droit... et, lorsque l'exercice du droit n'est pas tempéré par la bienveillance, il aigrit ceux auxquels il s'impose, il appelle les représailles, et substitue ainsi, dans les relations mondaines ou privées, la sécheresse à l'indulgence, qui, seule, peut communiquer quelque agrément aux rapports que nous entretenons avec nos semblables.

Ainsi qu'on le voit, l'éducation des hommes doit être faite par les mères et les sœurs. Lorsqu'un fils, un frère, a toujours rencontré sous le toit paternel les bons exemples, plutôt encore que les bons avis, il ne pourra se permettre d'y apporter des façons brutales, un langage grossier, des exigences égoïstes. La mission d'une sœur comporte plus de tendresse encore que celle d'une mère : celle-ci est souvent forcée d'imposer silence à son cœur pour blâmer et réprimander son fils, tandis qu'une sœur peut toujours excuser son frère et plaider sa cause. Mais, comme il vaut mieux diminuer les défauts que de les excuser, une sœur devra agir en toute circonstance de façon à développer les bons sentiments de son frère, et à le préparer pour la vie qui s'ouvre devant lui ; elle le rendra aussi *poli* que possible. Que l'on ne se récrie pas contre la frivolité de ce moyen : l'incivilité ne se produit pas isolément ; elle n'est pas seulement l'ignorance de certaines habitudes puériles ni le dédain des règles du savoir-vivre ; elle implique incontestablement des défauts très-considérables. Un être incivil se met à l'aise sans être arrêté par la crainte de gêner ses semblables : donc il est inique ; il songe à satisfaire ses goûts sans tenir compte des goûts d'autrui : donc il est égoïste ; par ses paroles ou ses actions, il blessera, humiliera ou peinera sans éprouver un sentiment de commisération pour ses victimes : donc il est méchant ; il inclinera sans honte, sans ménagement, vers ceux qui lui sembleront devoir donner quelque satisfaction à sa vanité : donc il a des instincts de bassesse. En combattant l'incivilité, on ne déclare pas la guerre à de petites ignorances qui n'ont aucune importance ; on combat en réalité l'iniquité, l'égoïsme, la méchanceté et la bassesse : la tâche est assez belle pour tenter les femmes.

Du jour où chaque femme accomplira cette tâche dans le cercle de sa famille, de ce jour dateront incontestablement des progrès sérieux, non-seulement pour l'agrément, mais pour la moralité de la société. Or, pour que ces progrès s'accomplissent, il ne faut appeler à son aide qu'un seul auxiliaire : l'exemple. Être en toute occasion disposée à s'oublier soi-même, sacrifier avec tendresse ses goûts lorsqu'ils se trouvent en opposition avec ceux d'autrui, songer aux autres, non pour s'en servir, mais pour les servir ; écarter de leur route les ennuis, alléger les soucis, consoler les peines, tel est le meilleur moyen pour améliorer ceux qui vivent autour de nous. L'autorité, fût-ce l'autorité maternelle, échouerait dans cette tâche si elle ne s'appuyait sur l'exemple. Si une sœur prétendait agir par les reproches et l'ironie, elle endurcirait le cœur de son frère, et, par conséquent, elle fortifierait les défauts au lieu de les affaiblir. On se tromperait si l'on croyait que l'abnégation est pesante et onéreuse; elle est si naturelle à la femme, qu'un peu d'habitude aidant, elle ne coûte plus aucun effort; l'on y trouve des joies absolument inconnues aux pauvres égoïstes, et payant au centuple les petits sacrifices que l'on accomplit. Enfin, en s'occupant d'autrui, on échappe au fléau qui s'appelle l'ennui, juste mais terrible châtiment des femmes égoïstes et désœuvrées, qui ne peuvent, quoi qu'elles fassent, employer toute leur activité, en l'appliquant uniquement à leurs propres satisfactions.

XIV.

LE GOUVERNEMENT D'UN SALON. — LES DÉFAUTS TRANSFORMÉS EN QUALITÉS. — DISTRIBUTION DES SALONS. — LES COMPLIMENTS.

Plus heureuse qu'un grand nombre des souverains de notre époque, une femme dans son salon peut et même *doit* régner et gouverner à la fois; c'est à elle qu'il appartient de communiquer à une réunion ce charme intime, indéfinissable, qui forme une sorte d'atmosphère douce et bienveillante, dans laquelle le cœur et l'esprit peuvent s'épanouir à l'aise et développer toutes leurs facultés. Lorsque je prononce le mot *salon*, je parle au figuré, car l'heureuse influence de la maîtresse de maison s'exerce aussi bien dans le cercle des veillées de famille que dans les réunions nombreuses.

Dans le cercle qu'elle préside, la femme doit remplir le rôle d'une fée bienfaisante qui connaît les goûts de chacun de ses hôtes, qui adoucit les aspérités des caractères anguleux, évite les chocs blessants, ranime le courage des personnes timides, met une sourdine aux grands airs des gens importants, et modifie les effets produits par ces naïfs égoïstes qui, semblables à une machine pneumatique, semblent absorber tout l'air respirable, et prétendent accaparer à leur profit l'attention, les soins, l'admiration d'une réunion tout entière.

Pour faire preuve de cette souveraineté, il faut d'abord être digne de l'exercer. Elle n'exige ni des talents extraordinaires, ni une intelligence transcendante : ces dons exceptionnels et brillants seraient plutôt un obstacle qu'un secours dans l'accomplissement d'une mission toute féminine, car ils existent rarement sans entraîner à leur suite un cortége de prétentions et d'aspirations vaniteuses, essentiellement opposées au rôle d'une bonne maîtresse de maison. Du moment où un sentiment personnel s'empare d'elle, les qualités qui lui sont indispensables sont immédiatement étouffées ; la vanité prend la place du dévouement, la prétention se substitue à la bienveillance, et il ne reste plus de la femme qu'une actrice de salon, affamée de louanges, cherchant à briller aux dépens de tout le monde, rejetant dans l'ombre, effaçant avec empressement toutes les individualités qui pourraient distraire l'attention qu'elle prétend monopoliser. Une maîtresse de maison doit posséder le don de l'observation, inné du reste chez la plupart des femmes; elle doit développer en elle les facultés élevées et délicates qui imposent l'oubli de soi-même, et se consacrer à ses hôtes, à tous ses hôtes, en évitant toute manifestation qui dénoterait une préférence, humiliante pour ceux qui n'en seraient pas l'objet.

Je ne puis méconnaître la nature humaine au point de lui demander gratuitement l'exercice de ces quasi-vertus; mais je sais que chacun de nos défauts est doublé d'une qualité, et qu'en un grand nombre de circonstances, il s'agit seulement de *retourner* le défaut afin de porter sa *doublure* en dehors. Ainsi la susceptibilité, ce défaut si gênant pour autrui, qui peut, en certains cas, semer des tracasseries insupportables sous les pas de ceux qui vivent à sa portée, et qui a tôt ou tard pour résultat de créer l'isolement autour de l'être qui en est atteint, la susceptibilité est presque toujours l'indice d'une âme affectueuse; il faut faire de l'accessoire le principal, et *retourner* le défaut pour le dérober aux autres, et leur épargner les reproches injustes et les exigences fatigantes. Si l'on pouvait, par le seul effort de sa volonté, déraciner sans retour les défauts dont on est atteint, il faudrait y regarder à deux fois avant d'exécuter l'opération, car on courrait le risque de détruire en même temps le principe d'un certain nombre de qualités. Le monde moral est, en bien des points, identique au monde physique, et soumis aux mêmes lois d'amélioration et de modification. Dieu a permis l'imperfection parce qu'elle est perfectible; ne supprimons donc pas l'arme qui tue, car en certaines circonstances cette arme peut sauver, et si le poison donne la mort, la science moderne sait l'employer à prolonger la vie.

Démontrons à la colère qu'elle est à la fois inutile, puérile et ridicule, mais n'essayons pas de détruire la source dont elle émane, car nous courrions le risque de tarir certaines facultés énergiques et dévouées qui peuvent trouver leur application; détournons son cours, mais ne le supprimons pas. Je pourrais prolonger cette nomenclature et accumuler les preuves de la proposition que j'ai avancée, mais j'ai hâte de revenir à mon sujet.

Je ne viens pas conseiller à toutes mes lectrices la voie du renoncement absolu, ni exiger de leurs efforts une perfection si difficile à atteindre, que la lassitude s'emparerait de leur âme même avant d'avoir tenté quelques essais pour se rapprocher du but; je prétends leur dire, et même leur prouver, que l'on peut toujours forcer le mal à produire le bien, et métamorphoser un défaut en qualité. Ainsi, parmi les femmes qui en ce moment lisent ces lignes, il s'en trouve..... je ne pense pas être accusée d'exagération, en supposant qu'il s'en trouve *une* atteinte de vanité. C'est un triste défaut, blessant pour les autres, amer pour soi-même, qui se subdivise en une foule d'imperfections, lesquelles aboutissent parfois jusqu'à un vice...... jusqu'à l'envie; ce défaut est particulièrement inconciliable avec les devoirs imposés à une maîtresse de maison. Mais, si elle ne peut s'en corriger, elle peut tout au moins en changer la direction, et par conséquent les résultats; elle peut substituer une vanité *respectable* à une foule de vanités frivoles et parfois répréhensibles. En ennoblissant son but et ses effets, la vanité, à l'instar des *vilains* du temps passé, ennoblit son nom et change d'étiquette: elle devient l'amour-propre, source et mobile d'efforts honorables et d'actions louables, origine moins élevée sans doute que la pure vertu, mais pour cela même, hélas!..... plus fréquente et plus active. Ainsi modifiée, la vanité se proposera pour but, non la satisfaction creuse, illusoire et niaise d'éblouir et d'écraser ses semblables par ses dorures, ses cachemires, ses dentelles et ses richesses, mais de complaire à ses hôtes, de leur donner, dans la mesure des ressources dont on dispose, le confortable matériel, l'agrément que communique à une réunion la *présidence* d'une maîtresse de maison dépourvue de prétentions, affable sans obséquiosité, bienveillante avec mesure, c'est-à-dire sans soumettre ses hôtes aux persécutions d'une hospitalité trop minutieuse et trop empressée. Elle n'oubliera rien, ni personne; elle aura la vanité... non, je veux dire l'amour-propre, de désirer que chacun se trouve heureux dans son petit empire; elle connaîtra ou bien elle devinera tous les goûts de ceux qui la visitent, elle s'occupera d'eux avec une sollicitude constante, infatigable, se produisant sans fracas, mais aussi sans intermittence. Son devoir le plus élémentaire lui interdit la manifestation de toute préférence; elle doit avoir, elle a sans doute parmi ses hôtes des amis qu'elle chérit davantage, des personnes pour lesquelles elle éprouve une sympathie plus vive, basée sur certaines affinités d'idées ou de sentiments; mais tous ceux qui composent la réunion qu'elle préside doivent être égaux devant son empressement et sa bienveillance. L'amour-propre doit avoir ce principe toujours présent à la mémoire, pour empêcher la vanité de l'en écarter et de renfermer dans ses préférences mêmes des aveux humiliants. En effet, certaines maîtresses de maison semblent n'avoir aucun souci de leur dignité; lorsqu'elles ont pu attirer dans leur volière un oiseau dont le plumage est plus riche et plus rare que celui de leurs hôtes habituels, elles délaissent complétement ceux-ci, elles se consacrent uniquement à ce bipède plus élégant; elles dévoilent ainsi avec imprudence les sentiments vulgaires qui les animent et les incitent à se prosterner devant tout ce qui brille, même d'un éclat factice et emprunté. Combien je désirerais prémunir les jeunes filles qui parcourent ces lignes contre ce défaut, hélas! si répandu à notre époque! A l'âge des sentiments généreux, on voit aujourd'hui les jeunes âmes être en proie aux inclinations les moins élevées; elles ont transposé les notions du bien et du mal, elles n'existent que *par* et *pour* les jouissances de vanité; leur enthousiasme est acquis au portefeuille bien rempli, même lorsqu'il a été *mal* rempli, même lorsqu'il est sottement porté. Qu'importent à leurs yeux le respect dû à la vieillesse, les droits acquis aux anciennes et amicales relations? Ce qui importe, c'est de se rapprocher de l'argent, de frayer avec ceux qui en possèdent beaucoup, de s'asseoir à leur table, de figurer dans leurs réunions, de monter, s'il est possible, dans leurs carrosses.

Les personnes qui ont su se préserver de ce honteux travers m'accuseront peut-être de charger ce tableau. J'en ai plutôt atténué les couleurs. La vanité aujourd'hui n'attend pas le nombre des années; l'avidité qu'inspirent au plus grand nombre les jouissances matérielles se produit et se prononce de mille façons diverses : on est si affamé d'éclat et de parure que l'on ne sait plus parler d'autre chose, et que l'on professe une idolâtrie extravagante pour tous ceux qui sont en possession de ces avantages, qui n'ajoutent cependant pas un atome à leur mérite personnel, à leur valeur intellectuelle et morale. Ces mêmes jeunes filles, si méprisantes pour les parents ou les amis pauvres, si empressées près de tout ce qui jette quelque éclat, ont cependant été élevées religieusement et chrétiennement : d'où vient qu'elles séparent la lettre de l'esprit, que, tout en adorant le Dieu qui fut pauvre, qui prêcha l'amour des petits et des humbles, elles adorent en même temps tout ce qu'il a condamné, flétri et repoussé?

Il est donc bien démontré que tout excès de civilité, lorsqu'il n'est pas étendu à tous les assistants sans exception, devient un excès d'incivilité. Quand une réunion est fort nombreuse, elle se fractionne par groupes; si au contraire elle se compose d'un petit nombre de personnes, la conversation doit être générale, et c'est à la maîtresse de la maison qu'il appartient de découvrir le terrain sur lequel toutes les intelligences présentes pourront se réunir. Il peut arriver que parmi les assistants il y ait une personne assez mal élevée pour prétendre accaparer l'attention de la maîtresse de la maison et la confisquer dans une conversation à laquelle les assistants resteraient étrangers; ce procédé ne doit jamais être encouragé, ni même toléré, car il est incivil au premier chef. Il faut être absolument dépourvu de tact et de savoir-vivre pour prétendre isoler, expulser de la causerie une partie des personnes présentes, et leur imposer un thème particulier sur lequel on développe des variations qui sont loin d'être divertissantes, et qui deviennent même déplaisantes lorsqu'on est exclu du concert.

La distribution du lieu de réunion exerce une action toute-puissante sur l'agrément des réunions. Il est infiniment plus avantageux d'avoir un *seul* salon que d'en consacrer deux ou trois aux réceptions; dans le dernier cas, en effet, l'assemblée se scinde immédiatement en deux parties bien distinctes : les femmes sont abandonnées à elles-mêmes, les hommes se réfugient dans le salon voisin, en laissant la plus belle partie du genre humain livrée au plaisir indicible de supputer mutuellement le prix des toilettes et de traiter ce sujet dans ses plus infimes détails. Je signalerai peut-être un jour quelques-unes des causes de cette séparation si évidente et si absolue, et je puis même dès aujourd'hui indiquer sommairement l'une de ces causes : elle est due à l'extrême frivolité d'un grand nombre de femmes; les unes ne parlent et ne savent parler que de leurs robes et de leurs emplettes, les autres se renferment dans le cercle de leurs occupations de ménage et discourent à perte de vue sur les provisions d'hiver et les conserves de fruits. Une femme doit savoir s'habiller; elle doit s'occuper de conduire aussi bien que possible le gouvernement de sa maison : mais elle doit aussi pouvoir traiter d'autres sujets de conversation, sans jamais se laisser choir dans l'abîme ridicule de la pédanterie.

Dans l'état actuel des choses, une maîtresse de maison, eût-elle le bonheur d'être entourée de femmes à la fois sensées et spirituelles, simples et instruites, ne peut espérer avoir un cercle agréable si elle a deux ou trois salons. L'habitude de fuir les femmes est prise et ne se perdra pas aisément; sous peine de présider une réunion glaciale, il faut la renfermer dans un seul salon.

Chacun des invités, sans distinction de rang, de fortune, de *considérabilité*, doit être l'objet de soins particuliers. S'il est permis de contrevenir à cette loi générale et absolue, ce doit être d'abord en faveur des personnes les plus âgées de la réunion, puis vis-à-vis des personnes les plus étrangères, qui pourraient se trouver *esseulées;* la maîtresse de la maison s'en occupera plus spécialement, jusqu'à ce qu'elles soient *acclimatées*, et s'appliquera surtout à les mettre en rapport direct avec les anciens habitués.

Quelle que soit la nécessité de manifester en toute circonstance une bienveillance constante et une politesse empressée, je ne saurais m'empêcher d'engager les femmes à être moins prodigues de protestations et de compliments que le sont en général les Parisiennes; elles abusent des superlatifs en toute circonstance, et, à force d'user fréquemment des mots, elles diminuent leur poids et, par conséquent, la valeur des sentiments qu'ils représentent. A quoi bon mettre en circulation une fausse monnaie qui ne fait illusion à personne? On prend ainsi l'habitude d'une fausseté *innocente*, selon le monde, comme si la fausseté pouvait jamais être innocente. Une bienveillance naturelle, jointe à un instinct de loyauté et à un jugement sain, donnera la mesure des formules polies que l'on emploiera pour s'excuser, et préservera des mensonges trop évidents. Je ne puis nier que certaines visites, certaines maisons, ne soient plus agréables les unes que les autres; mais avec un peu de bienveillance, on gardera pour soi ces appréciations, et l'on ne s'exposera pas à déclarer tout haut que madame *** est fort ennuyeuse et sa maison fort désagréable; survient madame ***; on se précipite au-devant d'elle, on l'accable des témoignages d'empressement les plus exagérés; on est *au désespoir* de n'avoir pu se rendre à son invitation; ses soirées sont si charmantes! son cercle est composé de personnes si agréables!

Ces exagérations ne sont pas commandées par la civilité et n'en font aucunement partie; c'est le masque de la véritable politesse, masque grimaçant, qui fait tort au visage. On peut exprimer quelques regrets avec sobriété, lors même que ces regrets ne seraient pas absolument sincères..... mais je préférerais que l'on ne fût pas forcé de formuler même un mensonge innocent; je voudrais que toutes les femmes connussent le grand art de s'ennuyer sans laisser voir leur ennui : cet art fait partie de leur devoir social. Je voudrais davantage, car je désirerais que les femmes ne s'ennuyassent jamais et nulle part : il leur suffira, pour atteindre ce but digne de leurs efforts, de déposer les prétentions mesquines, d'accepter et d'apprécier les compensations qui accompagnent toujours tout inconvénient, quelle que soit sa nature, de juger toutes choses avec bienveillance, d'apprendre enfin qu'en toutes circonstances le sentiment du devoir accompli, grand ou petit, peu importe, suffit à satisfaire le cœur et même l'esprit.

XV.

LES LETTRES DE FAIRE PART. — LES VISITES DE CONDOLÉANCE. — VISITES DE FÉLICITATION. — LES JEUNES FILLES REMPLISSANT LES FONCTIONS DE MAÎTRESSE DE MAISON.

La douleur et le plaisir se coudoient sans cesse ici-bas, et, de même que dans les églises parisiennes les cortéges de mariages ou de baptêmes se présentent simultanément avec les convois, j'ai dû rapprocher, dans le sommaire de ce chapitre, les visites de condoléances des visites de félicitations.

Les lettres de *faire part*, quel qu'en soit le sujet, se divisent en deux classes : les unes, en annonçant l'événement survenu dans une famille, contiennent en même temps une invitation pour assister à la cérémonie religieuse; les autres se bornent à énoncer purement et simplement cet événement.

Les premières sont adressées aux personnes

que l'on connaît plus particulièrement. Je dois ajouter que depuis quelques années l'usage a singulièrement étendu l'envoi de ces invitations, et les simples lettres de *faire part* ne sont plus guère adressées qu'aux personnes habitant une localité autre que celle dans laquelle la cérémonie a lieu. La vanité se mêle à toute chose, et chacun est bien aise de rassembler un concours nombreux d'assistants dans les circonstances importantes de l'existence; on n'est pas insensible à cette satisfaction, même lorsqu'il s'agit des plus tristes cérémonies, et l'on convie aux messes d'enterrement, comme à celles de mariage, le plus de monde possible. Le savoir-vivre bien entendu impose cependant certaines nuances qu'il est important d'observer.

Une invitation de ce genre impose l'obligation d'assister à la cérémonie : on ne peut s'en dispenser, à moins d'être retenu par un obstacle capital. Ce devoir étant connu et pratiqué par tous les gens bien élevés, on comprend qu'il est certains cas dans lesquels on doit éviter de le leur imposer. Si une distance hiérarchique très-considérable sépare un inférieur d'un supérieur, le premier n'enverra pas au second, délibérément, une lettre d'invitation; il ira lui annoncer verbalement l'événement qui se prépare, et lui demandera s'il lui serait possible d'assister à la cérémonie; en cas de réponse affirmative, il adressera une lettre d'invitation. En cas de réponse négative, il se bornera à envoyer une lettre de faire-part. On comprend qu'il ne saurait être question ici que d'une messe de mariage; non-seulement on n'est point obligé à ces préliminaires lorsqu'il s'agit d'un convoi, mais il serait d'une inconvenance suprême de songer, en semblables circonstances à ces puériles satisfactions de vanité et d'aller solliciter la présence d'un grand personnage quelconque. D'ailleurs, le caractère et les habitudes des supérieurs modifient sans cesse ces nuances. Sont-ils hautains, infatués de leur position, secs et froids dans leurs rapports avec leurs inférieurs, dans ce cas il faut bien se garder de leur adresser, sans préambule, une invitation à laquelle ils jugeront qu'il est au-dessous d'eux de se rendre. Ont-ils au contraire assez d'esprit pour être dépourvus de vanité, assez de cœur et d'intelligence pour n'être pas enivrés par leur situation...

relative, on peut alors porter soi-même la lettre d'invitation. Dans ce cas, la visite que l'on fait pour cet objet n'est pas seulement une marque de déférence pour la position, elle est surtout une preuve d'estime toute particulière pour le caractère de la personne à laquelle on rend cet hommage. Tant pis pour ceux qui préfèrent les marques de déférence aux marques d'estime : les premières s'adressent à la fonction seulement; les deuxièmes à la personne, et il faut être affligé de l'aveuglement qui accompagne inévitablement la vanité, pour accorder plus d'importance aux premières qu'aux secondes, d'autant plus que celles-là marchent toujours isolées, tandis que l'estime ne se sépare pas de la déférence, lorsqu'elle est imposée par l'attrait irrésistible qui émane de l'alliance d'une grande position avec une extrême modestie et une bienveillance *naturelle*, par conséquent toujours à l'abri des intermittences.

Notons en passant un détail dont la connaissance pourra être utile à quelques-unes de nos lectrices, ou du moins à celles de nos lectrices qui ne sont pas Françaises. Les lettres de *faire part* invitant à une messe de mariage sont envoyées *doubles*, l'une au nom des parents du marié, l'autre au nom des parents de la mariée. Le degré d'intimité qui lie la personne invitée à l'une ou à l'autre des deux familles marque la place que l'on doit occuper dans l'église. Si l'on se considère comme étant prié par la famille du marié, c'est-à-dire si l'on connaît celle-ci mieux que l'autre famille, on se placera à droite; dans le cas opposé, on s'assoira à gauche. Je ne discute pas, je n'explique pas cet usage; peut-être est-il un symbole marquant d'avance l'infériorité assignée à la femme par les lois et les mœurs.

Lorsqu'il s'agit d'un convoi, on invitera à la cérémonie seulement les personnes avec lesquelles on est en relations, sinon intimes, du moins suivies. D'une part, la vanité doit être bannie dans ces cruelles circonstances; d'une autre, on ne doit pas infliger à des étrangers le souvenir ou l'appréhension qui peuvent naître d'une cérémonie aussi triste. Les assistants accompagnent le convoi jusqu'au cimetière; les femmes ne s'y rendent jamais, du moins à Paris; elles ne peuvent en effet y porter le spectacle d'une vive douleur; elles doivent éviter de donner des preuves d'insensibilité. Quels que soient leurs sentiments, la retraite est plus convenable en ces circonstances.

Le lendemain d'un convoi, toutes les personnes qui ont reçu des invitations ou de simples lettres de *faire part* doivent porter ou faire porter leurs cartes de visite à tous les membres de la famille en deuil. Il est bien entendu que les femmes n'en envoient qu'aux femmes; les hommes, au contraire, envoient ou, mieux encore, *portent* leurs cartes à toutes les personnes de cette famille. Il y a cependant, même en cette circonstance, une nuance à observer : les lettres de *faire part* énoncent tous les membres d'une famille, même ceux avec lesquels on n'a jamais eu aucun rapport; ces derniers sont naturellement exceptés de la formalité indiquée plus haut, c'est-à-dire que l'envoi des cartes est obligatoire seulement vis-à-vis des personnes que l'on connaît, ou même que l'on a rencontrées fréquemment. Cette formalité n'engage à aucune réciprocité. Les personnes en deuil sont dispensées d'envoyer leur carte de visite; ce privilége est basé sur l'affliction qu'elles éprouvent, ou que du moins elles sont censées éprouver.

Le degré d'intimité règle la date des visites de condoléance. On ira voir une amie le jour même où elle aura été frappée par la perte d'un membre de sa famille; si la disposition de son esprit lui fait désirer d'échapper à la solitude, recherchée au contraire par certaines douleurs, on viendra lui tenir compagnie aussi souvent qu'elle le désirera. Mais une visite de condoléance proprement dite ne peut être faite avant vingt jours par une personne indifférente; cette visite n'est point évitée par l'envoi de la carte de visite, laquelle représente le premier témoignage d'intérêt donné à un moment où les convenances s'opposent à ce que l'on vienne imposer une présence importune sans nul doute, car la douleur forcée de se réprimer augmente d'intensité.

Dans les visites de condoléance il faut éviter un double écueil : on mentionne en quelques mots la part que l'on prend à la perte qui vient d'être faite; mais on se garde à la fois d'insister trop longuement sur cet événement pénible, comme aussi de le passer sous silence, afin d'épargner à la personne que l'on visite, soit une insistance cruelle et renouvelant toute sa douleur, soit une conversation qui, par sa légèreté et sa banalité, contrasterait d'une façon inconvenante avec ses propres sentiments. Sur ce point, comme sur tous ceux qui se rattachent au savoir-vivre, il faut suppléer par soi-même aux indications, nécessairement un peu vagues, des règles qui le composent; il faut apprendre à se détacher de soi-même, à oublier ses propres préoccupations, joyeuses ou pénibles, pour se conformer aux sentiments de la personne que l'on visite. Dans ce cas, pourtant, les convenances imposent une conversation sérieuse, quels que soient les sentiments de la personne à laquelle on fait une visite de condoléance. Fût-elle absolument insensible à la perte qu'elle vient de faire, se trouvât-elle délivrée de l'un de ces fléaux qui parfois affligent les familles, on doit toujours agir vis-à-vis d'elle comme si l'on supposait qu'elle dût être affligée. La mort est assez grave par elle-même pour inspirer des sentiments sérieux et des paroles sérieuses, sans que l'on soit obligé de recourir à l'hypocrisie.

Lorsque six semaines se sont écoulées après la cérémonie du convoi, les personnes en deuil peuvent rendre les visites qu'on leur a faites : ce délai est obligatoire, seulement lorsqu'il s'agit de relations un peu cérémonieuses. La famille, les intimes, tous ceux enfin avec lesquels on n'est point forcé de réprimer la manifestation des sentiments que l'on éprouve, peuvent être visités dès que l'on a le désir de les voir. Il n'en est pas de même pour *le monde* proprement dit, c'est-à-dire pour les indifférents qui n'accordent que l'apparence de l'intérêt, et qui n'aiment point la compagnie des gens affligés. C'est la politesse bien entendue qui commande le délai de six semaines; c'est afin d'épargner à autrui toute contrainte, afin d'éviter de projeter l'ombre de nos chagrins sur l'insouciance ou les plaisirs de nos semblables, que le savoir-vivre nous impose une retraite de quarante jours; cette retraite peut même se prolonger sans que l'on encoure aucun reproche.

Les visites de félicitation ne sont soumises à aucune date fixe; à Paris, on ne fait ces visites qu'à ses amis intimes, surtout s'il s'agit d'un événement purement privé. Lorsqu'une personne avec laquelle on a des rapports suivis, mais peu familiers, est nommée à un poste important, on dépose à sa porte une carte de visite. La carte de visite, dont on a tant médit, rend cependant des services incontestables : elle marque l'empressement en épargnant la fatigue de part et d'autre; elle représente la nuance vague qui flotte entre l'intérêt réel et l'indifférence absolue, par trop dépourvue d'aménité; elle est un symbole de politesse, sans être une marque d'hypocrisie; elle dit en trois mots ce qui ne pourrait être énoncé qu'en un long discours; elle représente un compromis entre l'amitié vraie, nécessairement limitée à un cercle assez restreint, et cette sorte de solidarité qui unit entre eux tous les membres de la société. Son usage se répand chaque jour davantage; on envoie aujourd'hui des cartes de visite non-seulement dans la ville qu'on habite, mais encore dans des localités éloignées, et cela dans toutes les circonstances qui nous obligent à adresser une carte aux personnes que nous connaissons, c'est-à-dire pour le premier jour de l'an, et pour accuser réception de lettres de *faire part*, également envoyées même dans une localité autre que celle que l'on habite.

Il est certains cas, assez rares sans doute, mais assez délicats pour arrêter un moment notre attention : je veux parler des circonstances qui obligent parfois une jeune fille à remplir les fonctions d'une maîtresse de maison. Comme ce cas se présente toujours à un moment où les conseils maternels font malheureusement défaut, il ne sera pas inutile d'indiquer ici la ligne de conduite qui devra être suivie par les jeunes filles investies d'une autorité dont elles ignorent à la fois l'étendue et les attributions.

Une jeune fille appelée à faire les honneurs de la maison paternelle doit tous ses soins à tous ses hôtes en qualité de maîtresse de maison; mais, en qualité de jeune fille, elle devra s'occuper plus spécialement des femmes de tout âge et des vieillards, en laissant à son père, à ses parents, la tâche de vaquer aux obligations qu'impose la réception des autres hôtes; en un mot, la politesse de la jeune fille devra avoir surtout un caractère filial; elle cédera en toute circonstance sa place, même aux femmes très-jeunes; elle attendra que les femmes de tout âge lui tendent la main avant d'avancer la sienne; elle n'échangera la *poignée de main*, autrefois *romantique*, aujourd'hui *classique*, qu'avec les vieux amis de son père, et par *vieux* j'entends non-seulement anciens, mais encore âgés; elle n'aura pas d'ailleurs la peine de repousser cette preuve de familiarité, si les jeunes gens reçus chez son père sont bien élevés, car ils se gardent bien, dans ce cas, de lui tendre la main comme à un camarade. Si cependant cela arrivait, la jeune fille, au lieu de mettre la main dans celle de ce visiteur trop familier, se bornerait à lui faire une révérence. L'urbanité ne peut commander d'encourager les habitudes peu respectueuses, et l'on ne saurait se montrer trop rigoureuse, lorsqu'il s'agit de réprimer ces familiarités inutiles et déplacées. Je ne désire pas cependant qu'une jeune fille se montre farouche, pédante ou compassée, et revête les caractères extérieurs d'une *majesté* qui deviendrait aisément ridicule. Je lui conseille d'être aussi réservée que possible, mais je souhaite que sa réserve soit naturelle, par conséquent simple et enjouée. Elle ne doit pas se montrer armée de pied en cap et toujours prête à repousser une familiarité de mauvais goût. Son armure doit être invisible, et son attitude, présentant un heureux mélange de dignité et de politesse, suffira pour lui épargner l'obligation de rappeler un de ses hôtes aux lois du savoir-vivre.

La jeune fille, remplissant le rôle de maîtresse de maison, occupera habituellement un siége isolé, chaise ou *pouff*, et n'adoptera pas le canapé, qui doit être cédé aux femmes de tout âge, ou bien aux vieillards si l'assemblée est entièrement masculine. Elle n'entreprendra pas de diriger la conversation, et se bornera à y prendre modestement part, dans la mesure de ses facultés et de ses connaissances. Son père lui nommera ceux de ses hôtes qu'elle n'a pas encore vus, et du reste, cette formalité n'eût-elle pas été remplie, la jeune fille n'a pas à s'en occuper, car il serait du plus mauvais goût de joindre le nom d'un individu au mot de *monsieur*, par lequel on désigne tous ceux auxquels on parle. Il n'est pas admissible un seul moment qu'une jeune fille, j'entends même celle qui remplit les fonctions d'une maîtresse de maison, reçoive une visite masculine en l'absence de son père. Elle n'a pas par conséquent à se préoccuper des noms et qualités des hommes reçus par son père. Nul homme bien élevé ne viendra s'asseoir près d'une jeune fille sur le canapé, qu'elle peut occuper dans le cas où il ne se trouve aucune femme dans la réunion. Si cependant cela arrivait, la jeune fille pourrait, sans affectation aucune, et sous prétexte de donner un ordre, quitter sa place et le salon momentanément, puis venir prendre un autre siége. Deux personnes assises l'une près de l'autre, sur le même canapé, semblent s'isoler un peu dans une conversation particulière. Cette familiarité ne pourrait être tolérée que dans le cas où elle émanerait d'un vieillard. Il faut donc que la jeune fille, tout en restant parfaitement polie, sache avec mesure et discernement maintenir en toute circonstance la réserve à laquelle elle a droit, et en faire souvenir ceux qui l'oublieraient.

XVI.

RAPPORTS DES MAITRES AVEC LES DOMESTIQUES.

La politesse est obligatoire pour tous et envers tous; il n'est point d'exception aux devoirs qu'elle impose, car, lors même que ces devoirs changent de forme, selon les circonstances et les individus, ils ont une origine commune : ils procèdent d'un bon cœur, d'un esprit équitable, d'un sentiment de délicatesse, et le manque de politesse implique toujours l'absence de tous ces dons.

La hauteur, la dureté, les exigences injustes, ne doivent pas être réprimées seulement dans les rapports que l'on a avec ses égaux ; ces défauts seraient même plus excusables en se manifestant vis-à-vis de ceux qui ont le droit de riposte et de défense, qu'en se produisant envers des êtres dépendants, forcés parfois d'endurer des outrages pour ne point perdre les fonctions qui leur permettent de gagner leur pain ou celui de leur famille. On doit être aussi poli envers ses inférieurs qu'envers ses égaux et ses supérieurs, quoique la politesse se manifeste, dans ces divers cas, d'une façon différente. Lorsqu'on l'analyse, on découvre que la politesse se compose d'un mélange de bonté, de bienveillance et de déférence; selon que l'on se trouve en contact avec des inférieurs, des égaux ou des supérieurs, on fait dominer l'un de ces éléments. On marque *surtout* de la bonté à ses subordonnés, de la bienveillance à ses égaux, de la déférence à ses supérieurs.

Un certain nombre de jeunes filles, et même (disons-le bien bas) de femmes, qui se croient suffisamment bien élevées, et seraient fort étonnées d'apprendre que la bonté leur fait défaut, pensent que leur dignité est intéressée à l'usage constant d'un ton de commandement aigre et revêche, de termes durs et méprisants, de formules blessantes. Ces personnes ignorent qu'on peut être fort poli avec ses domestiques, sans s'exposer à compromettre le respect qu'ils doivent témoigner à leurs maîtres, et qu'il suffit pour cela d'être bon et équitable, en évitant de se montrer familier.

Parmi les instructions données aux enfants il faut faire figurer en première ligne celles qui concernent leurs rapports avec les domestiques. Si l'on n'est pas parfaitement logique dans les enseignements que l'on met à leur portée, les enfants, logiciens implacables s'il en fut, lorsqu'ils constatent la contradiction se révélant parfois entre les actions et les préceptes, se hâtent de conclure de cette contradiction à l'inutilité des préceptes. Si l'on veut les rendre polis pour tout le monde, en leur permettant de se montrer grossiers pour les domestiques, ils considéreront la politesse, — avec quelque raison, convenons-en, — comme un masque hypocrite qu'ils adopteront avec empressement, ou rejetteront avec indignation, selon la nature de leur caractère; et le principal résultat de l'éducation sera de développer en eux la fausseté ou bien la grossièreté. Dans toutes les circonstances qui se produisent dans la vie des enfants, l'exemple doit se joindre au précepte pour donner à celui-ci sa valeur véritable, car les meilleurs avis sont frappés de discrédit, si la personne qui les donne ne conforme pas sa propre conduite à l'esprit qui dicte ces avis. Il est certain qu'un enfant ne sera jamais poli avec les gens qui le servent, malgré toutes les recommandations qu'on pourra lui faire à ce sujet, s'il s'aperçoit que la politesse dont on lui conseille l'exercice manque à ses parents. L'éducation que l'on entreprend de donner n'est autre chose qu'un travail continuel sur soi-même, un perpétuel effort pour mettre ses actions d'accord avec ses paroles, en s'appliquant à atteindre à un but élevé.

Il faut donc apprendre aux enfants, par l'exemple autant que par le précepte, que les injures et les mauvais traitements abaissent encore plus ceux qui les infligent que ceux qui les subissent; il faut leur enseigner à donner aux domestiques les ordres qui concernent leur service, non-seulement avec un ton doux, mais en employant des formules polies. La supériorité du *maître* est toute personnelle; elle n'est point constituée par le seul fait de payer des gages, d'acheter des services; c'est la patience, l'équité, la bonté et la politesse, qui placent les maîtres au-dessus de leurs domestiques. En se dispensant de ces vertus, on pourra sans doute avoir des valets bas et flatteurs, qui sauront se dédommager des caprices et des grossièretés de leurs maîtres, mais on n'aura jamais des serviteurs respectueux. On ne peut exiger le respect; il est indépendant, comme tous les sentiments : on l'inspire, mais on ne l'impose pas.

Tout pouvoir, quel qu'il soit, fût-ce celui d'un père ou d'une mère de famille, ou d'un maître vis-à-vis de ses domestiques, pour être respecté, doit se montrer infaillible; on ne doit jamais avoir tort ni vis-à-vis des enfants, ni vis-à-vis des domestiques. Il faut donc se garder soigneusement de se contredire, de formuler des accusations téméraires, de se livrer à des emportements violents et par conséquent injustes. Quel que soit le caractère d'un domestique, on agira sur lui bien plus efficacement en se montrant rigoureusement équitable en toute circonstance, en atténuant la justice par la générosité, qu'en lui reprochant ses torts avec colère : les reproches accompagnés d'invectives ont pour résultat de déplacer les torts, et de les ramener vers la personne qui ne sait pas conserver la force que lui communique le droit, en lui donnant la modération pour compagne inséparable.

On a toujours mauvaise grâce à se plaindre de ses domestiques, car on peut toujours les modifier, ou les renvoyer s'ils ont des défauts insupportables ou bien des vices. Il est peu de défauts qu'on ne puisse corriger en agissant avec douceur et fermeté. Quant aux vices, il serait difficile d'entreprendre la tâche de les réformer, et l'on ne peut exposer les enfants à ce contact, qui pourrait être dangereux, soit pour leur sûreté, soit pour leur caractère. Renvoyez par conséquent tout domestique ivrogne ou menteur, quelle que puisse être d'ailleurs l'excellence de son service. Suppléez, par une surveillance infatigable, à la négligence, à la paresse, et, dans les ordres que vous donnerez, agissez toujours avec justice, afin de pouvoir enlever aux remontrances toute apparence d'arbitraire. Ne marquez aucune aigreur pour les fautes involontaires, et sachez supporter avec résignation la perte causée par la maladresse d'un domestique brisant quelque objet précieux; diminuez vos risques en vous chargeant de nettoyer vous-même ceux de ces objets dont la valeur intrinsèque ou relative est considérable, soit par la somme qu'ils valent, soit par le souvenir qu'ils représentent, et, quand on cassera dans votre maison un ustensile de médiocre valeur, ne vengez pas votre perte par des reproches trop amers. Excusez au contraire à leurs propres yeux les domestiques sincèrement repentants; engagez ceux qui sont négligents ou imprudents à s'acquitter de leurs fonctions avec plus d'attention. Cette modération sera plus efficace que les reproches les plus violents, et, si la générosité la commande, l'intérêt bien entendu la conseille.

Les formules polies que l'on emploie en s'adressant aux domestiques sont du reste la monnaie des vertus que la civilité représente, et elles engagent les personnes qui en prennent l'habitude dans la voie des sentiments généreux et des actions équitables. Pour maltraiter un domestique, pour exiger de lui des services répugnants, pour interrompre son sommeil, pour retarder ses repas, pour lui mesurer sa nourriture avec parcimonie, pour ne tenir enfin aucun compte de ses peines ni de ses plaisirs, il faut avoir élevé autour de soi une barrière inaccessible à la justice, à la bienveillance, à la commisération; il faut s'être accoutumé à considérer le domestique comme une machine dont on paye les services, comme un esclave dépourvu de sentiment ou dépouillé de tout droit. La médiocrité des ressources dont on dispose n'excuse pas la parcimonie s'exerçant, ainsi que cela se voit assez souvent dans les ménages parisiens, aux dépens du bien-être du domestique. Si l'on n'est pas assez riche pour nourrir suffisamment une servante, il faut se passer de ses services. Mais il est à Paris un spectacle plus navrant que celui de l'économie rigoureuse et *forcée,* imposant de dures privations à tous les membres d'une famille : ce spectacle est celui de l'égoïsme féroce de certaines jeunes femmes, charmantes lorsqu'on les rencontre dans quelques réunions, bien élevées, en apparence du moins, vêtues avec une élégance irréprochable dont les détails révèlent des habitudes de luxe. Si quelque fée *justicière* permettait de voir soudainement ce que Mme de Sévigné appelait le *dessous des cartes*, on reculerait, saisi d'horreur. Cette jeune et charmante femme, d'apparence si douce, est un tyran implacable; dure, cruelle avec ses domestiques, elle leur dispute un morceau de pain, elle les renvoie lorsqu'ils sont malades, elle *économise* enfin sur les êtres qui sont placés sous sa dépendance, sur les objets qui leur sont de première nécessité, afin de payer un coiffeur en renom, une couturière habile. Elle n'est pas avare; ce vice affreux, ce péché mortel semblerait plus excusable encore que le sentiment auquel elle obéit: elle est égoïste sans honte, sans mesure, avec férocité, et en elle l'ostentation s'appuie sur la parcimonie, pour prendre le développement exigé par sa vanité.

Toute maîtresse de maison, capable de comprendre et de remplir ses fonctions, exercera dans sa maison une surveillance assidue et minutieuse; mais, si elle a la politesse qu'inspire le cœur, elle saura enlever à cette surveillance tout caractère blessant pour ceux qui la servent. Elle n'abandonnera pas ses clefs, mais elle évitera de fermer ses tiroirs et ses armoires devant ceux qui pourraient voir dans ce soin une marque de soupçon peut-être injuste; elle donnera ses ordres d'une façon précise, en évitant de se contredire, de surcharger ses domestiques de besogne, et de leur parler avec un ton méprisant et grossier. Quelques formules de remercîment et d'excuse n'enlèveront rien à son autorité, et ajouteront beaucoup à sa considération. Beaucoup d'indulgence pour les défauts, et autant de fermeté pour les fautes graves, sont les principaux moyens, mis à la portée de toutes les femmes, pour administrer sagement leur petit empire. Si les motifs d'humanité, si les sentiments de justice et de bonté n'étaient pas suffisants pour engager les femmes à bien traiter leurs domestiques, l'intérêt bien entendu, l'égoïsme même, devraient leur enseigner à ménager ceux qui les servent. Les personnes impérieuses, injustes, exigeantes, ne conservent jamais de bons domestiques, et sont réduites aux services de ceux qui savent se créer des compensations aux outrages qu'ils reçoivent et aux injustices qu'ils endurent.

Toute association, quelle qu'elle soit, fût-ce celle d'un maître avec son domestique, comporte la mutualité des devoirs. J'ai été au plus pressé, en indiquant d'abord les devoirs des forts envers les faibles; je vais m'occuper maintenant de ceux-ci, afin de désigner à l'attention des maîtresses de maison les formules de politesse qu'elles doivent enseigner à leurs domestiques, si ceux-ci les ignorent, et si elles veulent avoir une maison *bien tenue.*

XVII.

RAPPORTS DES DOMESTIQUES AVEC LES MAÎTRES.

Le précédent chapitre contient quelques conseils relatifs à la politesse que les maîtres doivent avoir avec leurs domestiques. Nous allons nous occuper des marques de déférence que les maîtres doivent à leur tour obtenir de leurs domestiques.

Il est rare que l'on ait à donner une éducation complète aux servantes et aux domestiques; mais enfin, il peut arriver que l'expérience du service leur fasse défaut, et dans ce cas il faut bien se préoccuper de modifier celles de leurs habitudes qui ne se concilient pas avec le respect qu'ils doivent témoigner à leurs maîtres. Rien n'est plus déplaisant qu'un intérieur dans lequel on entend la voix des domestiques élevée à un diapason aigu et grossier, et l'on ne peut s'empêcher de porter un jugement défavorable sur le compte de la maitresse de maison qui tolère des réponses impertinentes de la part de ses serviteurs. On a le droit d'exiger de ceux-ci toutes les formules respectueuses du langage, et lorsqu'ils s'obstinent à les repousser, il faut leur donner leur congé, car leur impertinence n'est pas un défaut isolé, et se rattache, au contraire, non-seulement à d'autres défauts, mais encore à des vices. On ne souffrira pas qu'un domestique donne des démentis, qu'il réponde avec une intonation brusque et grossière aux ordres qu'on lui donne, ou bien aux remontrances qu'on lui adresse; de plus, on lui enseignera quelques formules réglées par l'étiquette présidant aux rapports des domestiques avec leurs maîtres. Ainsi ils parleront toujours à la troisième personne; au lieu d'employer le pronom *vous*, ils diront : *Le coiffeur de Madame est arrivé. — Selon les ordres de Monsieur, j'ai fait venir le tapissier,* etc. Cette habitude n'est point adoptée uniquement pour imposer aux domestiques les dehors de la servilité; elle peut être considérée comme un frein salutaire opposé aux envahissements d'une familiarité malséante; elle amoindrit forcément la grossièreté des débats qui peuvent s'élever, et enfin elle est une marque extérieure de déférence.

On s'appliquera à réformer les habitudes trop rustiques, à substituer le calme à la brusquerie. On ne permettra pas à un domestique de *jeter* sur la table les ustensiles servant au repas, ni même de les poser bruyamment; le service doit se faire en silence, avec précaution, non-seulement parce que cette façon de procéder est plus respectueuse, mais aussi parce qu'elle est plus agréable. Ainsi l'on ne permettra pas de frapper les portes, sous prétexte de les fermer, de pousser rudement les chaises ou les fauteuils pour les changer de place. Sans imiter Philaminte, sans exiger qu'une servante parle la langue académique, on peut lui enseigner l'usage de certaines formules, et on l'habituera entre autres à annoncer le dîner en disant : *Madame est servie.* On évitera ainsi d'exciter l'hilarité générale qui s'éleva un jour chez une dame de mes amies. Quelques conviés attendaient l'heure du dîner; la porte s'ouvrit brusquement, et l'on vit apparaître une servante, nouvellement engagée, encore novice, et ignorant les lois de l'étiquette. Elle s'écria d'une voix tonnante : ***La soupe est sur la table!*** Ces termes, qui peuvent être acceptables à la campagne lorsque les laboureurs sont avertis par leurs ménagères que « la soupe est trempée, » ne peuvent être employés *à la ville*, et l'on doit enseigner aux domestiques les expressions qui remplacent ces avertissements par trop familiers.

L'éducation des domestiques, comme toute autre éducation, ne peut porter de bons fruits si elle n'appelle à son aide la patience et la bonté, en se gardant bien de confondre la fermeté avec la rigueur. La fermeté, lorsqu'elle a pour origine une équité scrupuleuse, et pour correctif l'indulgence, donnera les meilleurs résultats en toute circonstance, qu'il s'agisse d'*élever* des domestiques ou des enfants. La rigueur fait haïr l'éducation... et détester l'éducateur. Quant à l'emportement, il n'a jamais servi qu'à transporter les torts de celui contre lequel l'emportement s'exerce, sur celui qui s'abandonne à une fureur, même légitime dans son origine; il faut par conséquent l'écarter absolument de tout enseignement, quels qu'en soient la nature et le but.

Je ne voudrais pas que l'on se méprît sur le sens de quelques-unes de mes paroles, et que l'on pût trouver dans ce chapitre des assertions contredisant celles qui sont contenues dans le chapitre précédent. Je viens de parler du respect qui est *dû* au maître par le domestique, des marques de déférence auxquelles le premier *a droit*, tandis que je disais naguère, — si j'ai bonne mémoire : — *La supériorité du maître est toute personnelle, elle n'est point constituée par le seul fait de payer des gages, d'acheter des services,* etc. Si je parle aujourd'hui des *droits* du maître, c'est parce que je n'admets pas qu'il soit indigne de mériter le respect de ses domestiques, parce que j'ai le ferme espoir que mes lectrices et mes lecteurs (j'ai même des lecteurs!) ne pensent pas que les droits puissent s'exercer lorsqu'on se dispense des devoirs. Je suppose que ceux-ci sont scrupuleusement remplis, que le maître se montre en toute circonstance équitable, humain, patient et généreux; et dans cet état de choses, il est évident que le domestique ne saurait donner trop de marques de respect à son maître, car les vertus de celui-ci enlèvent à ces démonstrations ce caractère de servilité aussi humiliant pour celui qui s'y soumet que pour celui qui l'exige. D'ailleurs, l'intérêt personnel bien entendu ne devrait-il pas, — à défaut d'instincts plus élevés, — conseiller les vertus qui commandent le respect et l'affection? Avec les domestiques, comme avec tous les individus qui composent la société humaine, les qualités rapportent plus que les défauts. J'ai connu un petit nombre de maîtresses de maison, acariâtres, injustes, agressives, dures et méprisantes pour leurs domestiques; j'ai toujours vu qu'elles étaient plus mal servies que celles dont l'humeur était bienveillante et le caractère indulgent. La discorde avait élu domicile au foyer des premières, et les domestiques, les fuyant dès qu'ils les connaissaient, renouvelaient sans cesse, par leur départ, les abominables tracas qui dérivent de la nécessité de mettre un domestique au fait des fonctions dont il doit s'acquitter; chez les secondes, au contraire, la vie s'écoulait sans changements, sans secousses, sans débats, et l'on y jouissait de la paix qui appartient aux *créatures de bonne volonté.*

Une maîtresse de maison doit demander à ses serviteurs de s'acquitter des fonctions qui leur sont dévolues avec propreté, diligence et attention. Si la négligence provient de la mauvaise distribution du temps, la maîtresse de maison s'appliquera à régler le travail de la journée, en lui assignant les heures les plus convenables. La promptitude, l'exactitude, peuvent être *exigées* chez un domestique, mais à la condition de ne point le troubler par des ordres contradictoires, de ne point interrompre une besogne commencée pour faire entreprendre un autre travail; de ne point accabler le domestique par une infinité de détails inutiles qui compliquent ses occupations et, ne permettant pas de les mener à bien, lui attirent des reproches qui sont injustes en réalité. Tous les ustensiles servant au ménage doivent être bien rangés et toujours prêts pour l'usage qu'on en veut faire ; mais, si le maître a le droit d'adresser des remontrances à un domestique qui se serait montré négligent sur ce point, ce ne peut être qu'à la condition de ne point interrompre son travail ni bouleverser inutilement l'office et la cuisine.

Si nous devons demander et obtenir de nos domestiques toutes les marques de respect et de politesse, il ne faut pas négliger de leur imposer la même politesse en ce qui concerne les étrangers. Il y a longtemps qu'on a dit, et non sans raison : *Tel maître, tel valet.* Les domestiques, vivant près de nous, discernent bien vite nos préférences, nos faiblesses et nos antipathies; de plus, on a trop souvent le tort de parler devant eux avec malveillance des personnes que l'on reçoit. Il n'en faut pas davantage pour rendre un domestique impertinent vis-à-vis de la personne qui déplaît à son maître, sur lequel il se modèle toujours avec empressement, surtout lorsqu'il s'agit d'infliger à autrui une partie des humiliations qu'on a le tort de ne pas lui épargner. Dans notre société actuelle, si éprise de l'éclat de la fortune, les parents et les amis pauvres sont reçus et supportés avec une impatience dont on ne prend guère la peine de réprimer les manifestations; le contre-coup s'en fait immédiatement sentir chez la *gent porte-tablier*, comme le dit le spirituel H. de Lagardie, et les *Dorine* et les *Frontin* se hâtent de renchérir sur la généreuse et charitable disposition de leurs maîtres. Le proverbe a donc raison : en mal comme en bien, les domestiques copient toujours les personnes qu'ils servent, et si celles-ci marquent autant d'empressement et de considération à leurs amis pauvres qu'à leurs amis riches, les premiers n'auront pas à subir des humiliations poignantes, et se diront, non avec amertume, mais avec reconnaissance : *Tel maître, tel valet*. Mais il ne faut pas se faire d'illusion sur ce point; on doit payer de sa personne, car toutes les recommandations, et même les ordres les plus formels et les plus sévères, seront toujours éludés si l'on ne donne pas soi-même l'exemple de la politesse que l'on commande. Rien n'est plus subtil que l'impertinence; elle se révèle par les signes les plus imperceptibles en apparence pour les indifférents, les plus évidents en réalité pour les personnes qu'elle atteint : un regard la contient, une intonation la recèle, un oubli la dénote, une négligence l'affirme. Donc, si l'on veut que les domestiques se montrent polis et attentifs pour les personnes que l'on reçoit, il sera bien insuffisant de leur recommander cette politesse, si l'on se montre soi-même incivil ou dédaigneux. En cette occasion, comme toujours, il faut agir sur soi pour agir avec efficacité sur les autres, et, au lieu de se complaire à faire d'excellents et judicieux sermons, on peut se borner à prêcher d'exemple.

L'étiquette que l'on fait observer par les serviteurs varie selon la différence des fortunes. Lorsqu'il y a un grand nombre de domestiques dans une maison, cette étiquette est plus sévère. Un valet de chambre ou de pied, une femme de chambre, ne se permettent pas d'adresser la parole à leurs maîtres; automates silencieux, ils s'acquittent de leurs fonctions sans paraître écouter ce que l'on dit devant eux, sans se permettre de prendre la parole. Il n'en peut plus être de même lorsqu'on se fait servir par une seule domestique. Si elle a des qualités, elle fait pour ainsi dire partie de la famille; ce n'est plus une machine à servir, et, de même qu'elle connaît les principaux événements qui surviennent dans l'existence de ses maîtres, ceux-ci connaissent aussi ses peines et ses joies, y prennent part, et la conseillent dans les circonstances graves. Dans cet état de choses, l'observance d'une étiquette rigoureuse serait à la fois intempestive et ridicule. Voyez-vous l'unique servante d'un ménage forcée d'aller prendre un plateau d'argent pour présenter à ses maîtres une lettre, un journal, une carte de visite? Cela serait choquant, comme tout ce qui manque de proportions et d'harmonie. La dignité n'est point attachée à ces menus usages, et l'on peut s'en affranchir sans craindre d'amoindrir le respect des domestiques. Ce sentiment est nécessaire à la bonne administration d'une maison, et l'on doit faire tous ses efforts pour l'obtenir; c'est dans ce but qu'il faut éviter toute familiarité avec les gens qui nous servent. Si on ne les habitue pas à tenir compte des ordres qu'on leur donne, — ordres qui ne doivent jamais affecter une forme dure et méprisante; — si on ne leur inspire pas un respect suffisant, de nature à empêcher que ces ordres soient éludés ou méprisés, l'inexpérience, les erreurs, qui accompagnent une instruction insuffisante, pourraient causer des désordres ou des accidents graves. Il faut donc que les domestiques obéissent à leurs maîtres, non pas seulement par un sentiment de servilité, mais parce que ceux-ci, par la supériorité de leur éducation, ont plus de discernement et de lumières. Et maintenant, si l'on me demande quels sont les meilleurs moyens à employer pour obtenir le respect et l'obéissance des domestiques, je dirai qu'il faut toujours avoir raison avec eux, c'est-à-dire se montrer toujours équitable, ne point exiger des travaux qui dépassent les forces humaines, ni adresser des remontrances injustes; tenir compte de leurs efforts, les en récompenser, veiller à leur bien-être, ménager leur santé, et même leur amour-propre. En observant ces prescriptions, on trouvera très-certainement d'excellents domestiques; et si, nonobstant la pratique constante de la justice, de la patience, de la bonté, on était mal servi, il faudrait chercher d'autres serviteurs, afin d'écarter de soi des natures qui seraient notoirement vicieuses.

Les devoirs des domestiques sont si intimement liés aux devoirs des maîtres, qu'en voulant indiquer les uns, je me trouve toujours forcément ramenée à parler des autres. Pour que les domestiques ne soient pas envieux, il faut éviter de leur imposer des privations, qui font naître des comparaisons douloureuses pour eux; leur nourriture doit être abondante et bonne, et, si l'on n'a qu'une seule servante, ses repas doivent être semblables à ceux de ses maîtres. En cas de maladie, on fera appeler un médecin, et on soignera attentivement le malade. On exercera autour de soi une surveillance assidue, du moins jusqu'à ce que l'on ait acquis la certitude de la probité de ses serviteurs; mais, en tous cas, on évitera de rendre cette surveillance trop évidente, et de blesser une âme honnête. On n'exigera jamais un service répugnant, à moins que l'on ne soit malade, et que la nécessité n'oblige à imposer à autrui des soins de cette nature. Enfin, lorsqu'on a reconnu à un domestique quelques qualités essentielles, telles que la probité et le dévouement, il faut supporter patiemment les défauts qu'il peut avoir. Si ces défauts sont de nature à lui attirer quelques reproches, il faut formuler ceux-ci avec douceur, en évitant soigneusement d'infliger une humiliation, soit par le ton ironique employé pour la remontrance, soit en adressant cette remontrance devant des témoins. La prodigalité elle-même serait impuissante à remplacer toutes ces attentions : des domestiques comblés de présents supporteront sans doute tous les torts que leur maître pourra avoir vis-à-vis d'eux ; mais la cupidité seule les attachera à lui, et tous les présents qu'il pourra faire ne le soustrairont pas à leur haine, et ne retiendront pas près de lui les cœurs honnêtes et fiers.

Pour résumer tous ces conseils, je dirai que les domestiques sont toujours polis avec leurs maîtres, comme avec les étrangers, lorsqu'on leur donne soi-même l'exemple de la politesse que nous devons à tous nos semblables.

XVIII.

FORMULES TERMINATIVES DES LETTRES. — PAPIER. — CACHET.

Il est certain que le *savoir-vivre* révèle sa présence ou son absence dans les détails les plus futiles, et que sur la simple inspection d'une lettre, en examinant seulement la façon adoptée pour la plier, la cacheter, la formule précédant la signature, on peut porter un jugement exempt d'erreurs sur l'éducation, l'instruction, le tact, et même le caractère de la personne qui a écrit cette lettre.

On ne cachète pas l'enveloppe (elle est obligatoire) d'une lettre avec un gros pain à cacheter, ni avec un petit morceau de papier gommé qui encadre les timbres d'affranchissement; ce dernier procédé est tout à fait irrégulier : il doit être condamné au point de vue de l'étiquette qui préside à la correspondance, parce qu'il implique, soit des habitudes de désordre, soit des habitudes de parcimonie exagérée; car, pour employer ce papier gommé, il faut se trouver dépourvu de cire à cacheter, ou d'enveloppes à extrémité gommée, ou bien enfin s'imposer des économies parfaitement inutiles, les enveloppes à extrémité gommée ne coûtant pas plus cher que les autres.

On place le mot *Madame* ou *Monsieur* en vedette, c'est-à-dire à gauche, vers le bord supérieur de la page, lorsqu'on écrit à une personne avec laquelle on n'a point de relations familières; on observera la même étiquette pour les personnes âgées, pour celles qui occupent une position supérieure, pour les ecclésiastiques et les religieuses, et, dans les trois derniers cas, on joindra au mot *Monsieur* le titre ou la désignation de la fonction; ainsi l'on écrira en vedette : *Monsieur le maire*, — *Monsieur le sous-préfet*, etc., si l'on s'adresse aux fonctionnaires pour une affaire qui les concerne : si au contraire la lettre est purement privée, on ne mettra le titre que sur l'adresse; mais on écrira toujours en vedette : *Monsieur le curé, — Monsieur l'abbé, — Madame la supérieure,* et l'on répétera les mêmes mots dans la formule terminative, pour la rendre aussi respectueuse que possible.

C'est principalement au sujet de ces formules que l'on m'interroge; il est difficile d'indiquer, non pas la formule en elle-même, mais tous les cas particuliers qui peuvent en modifier le sens plus ou moins révérencieux, plus ou moins familier; les combinaisons qui se présentent sont innombrables, et le savoir-vivre ne peut se démontrer par des règles positives comme l'arithmétique ou la grammaire. Mais, avec le secours de la réflexion, on peut s'apprendre à soi-même ce qui ne peut être enseigné par un autre.

Il n'est pas de cas, il n'en peut exister, quelle que soit la position de la personne qui écrit, ou celle de la personne à laquelle on écrit, où il soit permis de méconnaître les formules de politesse; lors même que l'on se trouverait dans la dure nécessité d'écrire à une personne que l'on n'estime pas, on peut rester scrupuleusement poli, en s'entourant de froideur.

L'étiquette qui préside à la correspondance impose des formules plus superlatives pour l'écriture que celles ayant dans la conversation un cours de convention ; ainsi, en prenant congé d'une personne, on ne l'assurera pas que l'on éprouve pour elle une *considération respectueuse,* mais on le lui écrira en terminant une lettre, sans avoir à redouter d'être accusé d'exagération ou de servilité. Personne n'attache une très-grande importance à ces formules, et de là vient le conseil de *ne rien prendre au pied de la lettre.* C'est justement en raison de l'adoption universelle de ces termes, de leur signification annulée, ou tout au moins amoindrie par l'usage constant qui en est fait, c'est précisément parce que nul ne s'en dispense, qu'il est fort incivil de les supprimer ; ainsi, toute terminaison trop brève sera peu polie.

Je vous salue est protecteur, sec, inadmissible par conséquent; toute personne bien élevée évitera cette formule, et lui substituera celle-ci, dans tous les cas identiques, s'agît-il d'écrire à son cordonnier : *Veuillez recevoir mes compliments.* Cela ne lui fera pas perdre son rang; au contraire, car l'emploi de ces mots prouvera de l'urbanité, et, par conséquent, une bonne éducation.

Parfois les formules employées ne représentent rien du tout, ou même représentent une idée opposée à celle que l'on veut exprimer; la phrase suivante est de ce nombre : *Recevez l'assurance de mes sentiments distingués;* cela signifie que la personne qui a écrit a des *sentiments distingués,* et qu'elle nous en *assure.* Tant mieux pour elle. Mais que nous importe à nous, à qui elle écrit? Cela ne peut être accepté comme une formule courtoise pour la personne à laquelle on écrit. Il faut donc éviter cette phrase, et la remplacer, suivant l'occurrence, par l'une des phrases suivantes :

Veuillez agréer ou *recevoir* (le premier verbe est plus poli) *l'assurance de ma considération.*

Veuillez accepter les témoignages de mon respect; cette formule est surtout convenable envers les personnes âgées, ou très-supérieures, vis-à-vis des religieuses et des ecclésiastiques, et, dans ces deux derniers cas, on écrira même: *de mon profond respect.*

Veuillez recevoir l'assurance des sentiments d'estime que je vous porte; cette dernière rédaction est un peu surannée; elle a de plus le tort d'impliquer un doute sur un sujet que l'on affirme trop, et qui ne saurait être mis en suspicion.

Recevez l'assurance des sentiments que je vous dois; rédaction un peu ironique, pouvant servir pour l'un des cas où l'on veut conserver l'apparence de la politesse vis-à-vis d'une personne que l'on n'estime pas. Toute équivoque disparaît si l'on substitue le mot *agréez* au mot *recevez;* le verbe *agréer* suppose une déférence qui exclut tout sens ironique.

Lorsqu'une lettre adressée à une femme est écrite par un homme, celui-ci ne peut se dispenser d'insérer le mot *respect* dans la formule terminative; il ne saurait y avoir d'exception à cette règle que dans le cas où l'homme qui écrit serait infiniment plus âgé que la femme à laquelle s'adresse la lettre; dans cette circonstance il peut adopter une formule plus familière, et quasi paternelle. Un jeune homme, un homme encore jeune, présentera au bas de sa lettre les *témoignages* ou l'*assurance de son respect* ou de *ses sentiments respectueux* à toutes les femmes jeunes ou vieilles auxquelles il écrira.

Il ne saurait être question d'indiquer ici des formules autres que celles employées entre personnes étrangères; les liens de parenté, d'amitié, de familiarité, ou même les simples relations qui se créent par quelques rapports plus ou moins fréquents, impliquent l'usage de termes moins cérémonieux; mais ces différentes subdivisions se fractionnent encore à l'infini, et il me serait impossible de prévoir et d'indiquer toutes les circonstances dans lesquelles la familiarité, l'affection, la bienveillance, doivent se combiner à doses égales ou inégales pour inspirer une lettre et sa formule finale. Je ne tenterai pas même de m'occuper des phrases qui doivent être adressées à des parents ou bien à de *vrais* amis. Chacune des personnes qui lit ces lignes doit aisément trouver en elle-même les sentiments qu'elle veut exprimer, et pourvu que la forme employée soit simple, naturelle et conforme aux sentiments affectueux que l'on éprouve, il n'y a pas à redouter un manque de savoir-vivre. Lorsqu'il s'agit des personnes avec lesquelles on entretient des rapports un peu superficiels, il faut choisir et adopter des phrases qui représentent aussi exactement que possible la sympathie plus ou moins tempérée qui nous lie à elles; il y aurait un manque de savoir-vivre dans l'emploi de termes trop familiers ou trop cérémonieux.

Veuillez recevoir mes compliments les plus empressés; ou *mes compliments les plus affectueux;* la première rédaction est plus cérémonieuse, et convient aux relations trop récentes pour avoir le caractère d'une amitié même *mondaine*, c'est-à-dire ayant plus de superficie que de profondeur. Les *compliments affectueux* ne peuvent s'offrir et s'échanger que dans le cas où une certaine similitude d'âge et une certaine fréquence dans les rapports ont banni toute étiquette trop rigoureuse. Par ces deux exemples on peut juger aisément des différences qui doivent être observées selon chaque degré d'intimité. Ainsi les *compliments affectueux* seraient déplacés vis-à-vis d'une personne compassée, maintenant obstinément une réserve qui résiste même à l'intimité; ils seraient déplacés aussi si on les adressait à une personne que l'on connaît peu, que l'on rencontre depuis peu de temps, parce que l'on n'est pas certain, dans ces deux cas, soit qu'elle mérite l'affection, soit qu'elle attache du prix à l'affection qu'on lui témoignerait. Les *compliments empressés,* au contraire, malgré leur adjectif, qui ne saurait se prendre au pied de la lettre, sembleraient un peu froids vis-à-vis d'une quasi-amie, d'une personne que l'on voit souvent, et qui inspire par conséquent et éprouve un intérêt plus caractérisé que celui d'une simple connaissance.

La *physionomie* des lettres a aussi sa signification particulière; elle indique dans ses divers détails plus ou moins de soins, d'ordre, de netteté, de réflexion, et mérite par conséquent qu'on lui accorde quelque attention.

Une lettre très-familière peut seule être écrite en *tous sens,* c'est-à-dire sur les marges, en travers des lignes déjà tracées en dessous de la signature; une écriture ainsi surchargée devient fort difficile à déchiffrer, et, dans la correspondance comme en toute autre circonstance, la politesse exige que l'on ait plus de souci des autres que de soi-même, et que l'on évite à autrui tous les ennuis petits ou grands; c'est pour la même raison que l'on n'emploie plus dans la correspondance le papier transparent, plus léger à transporter sans doute, mais beaucoup plus désagréable que le papier opaque, lorsqu'il s'agit de lire les lignes tracées sur ces feuilles transparentes. L'affranchissement des lettres étant désormais commandé par la civilité et l'équité, il est évident que toutes les mesures tendant à diminuer les frais d'affranchissement, que le papier *pelure*, les lignes croisées et rapprochées représentent une économie, extrêmement modique du reste, dont on fait peser l'ennui sur la personne à laquelle on adresse une lettre indéchiffrable. On n'écrit plus aujourd'hui sur du papier ayant le grand format dit *coquille*, car il faut le partager pour lui donner les proportions voulues, et ces divisions ne sont pas toujours nettement faites; on n'écrit pas non plus sur le papier qui est trop mince, trop mou, car pour toutes ces raisons les caractères qui y sont tracés prennent une forme irrégulière et incorrecte. On emploie du papier ayant le format de la lettre ou du billet que l'on veut écrire, et on l'enferme dans une enveloppe carrée, proportionnée à la lettre que l'on plie *en quatre*.

On cachette, avec la cire, toute lettre un peu cérémonieuse, mais en ayant soin de mettre cette cire en contact avec l'enveloppe seulement, non avec la lettre qui y est contenue, et qui, si l'on n'observait ce soin, ne pourrait en être extraite qu'en abandonnant un lambeau adhérant au cachet. Les enveloppes longues sont passées de mode.

Le papier le plus élégant en ce moment est le papier très-épais, peu *collé*, pas glacé, avec les enveloppes assorties. Mais si je note ce détail, c'est afin de n'omettre aucun des caractères de la physionomie des lettres, car il n'est nullement obligatoire.

Il ne faut pas croire que tout ce qui vient d'être indiqué soit tout à fait puéril et indigne d'attention. Si le savoir-vivre proscrit le papier mince et mou, c'est parce que celui-ci se froisse sous la main et devient incommode pour le destinataire de la lettre; si la politesse condamne les pages surchargées d'écriture, c'est parce que l'on peut éprouver quelque fatigue en les lisant. Si la civilité exige qu'un cachet soit soigneusement appliqué, c'est afin d'éviter les lacunes qui se produisent dans la lettre lorsqu'une partie de celle-ci adhère à la cire et se déchire lorsqu'on la déplie. Enfin, il n'est point de prescription du savoir-vivre, même la plus futile en apparence, qui n'émane du désir d'éviter à autrui une contrariété quelconque. Ces détails feront peut-être naître quelques sourires; on y trouvera des minuties puériles... on dira peut-être que tout cela ne mérite pas d'arrêter la pensée...... Je crois que l'on se trompe toujours lorsqu'on veut choisir dans la science du savoir-vivre quelques lois auxquelles on consent à se soumettre, et que l'on rejette certaines autres lois, en les taxant d'inutiles. En agissant de la sorte, il est hors de doute que l'on s'affranchit surtout des obligations qui coûtent le plus, et l'on fait par conséquent tort à son prochain d'une foule de soins et d'attentions qui ont leur prix, malgré leur puérilité. Je suis et demeurerai toujours fort incrédule au sujet du savoir-vivre et de la générosité de ceux qui s'affranchissent même d'un petit nombre des devoirs que la politesse nous impose. La politesse n'admet ni intermittence, ni choix dans l'application de ses prescriptions; elle veut être révélée dans toutes les circonstances, et ne saurait être abandonnée ou reprise selon que le commande le caprice ou l'intérêt personnel; et, comme tout se tient ici-bas, comme on remonte rapidement des effets aux causes lorsqu'on a quelque expérience, on peut dire, en recevant une lettre tracée en caractères incohérents, sans souci de la netteté, sans aucun des signes extérieurs auxquels on reconnaît l'ordre et le soin, que la personne dont cette lettre émane est étrangère au savoir-vivre. Celui-ci peut se résumer en quelques mots dans toutes les circonstances de la vie : il nous enseigne à nous imposer des peines et des sacrifices, afin de les épargner à autrui.

XIX.

LA TIMIDITÉ, CONSIDÉRÉE DANS SES RAPPORTS AVEC LA CIVILITÉ. — LE CARACTÈRE OPPOSÉ A LA TIMIDITÉ. — SYMPTÔMES AUXQUELS ON RECONNAIT LES PERSONNES BIEN ÉLEVÉES. — LES CARACTÈRES VANITEUX.

Ce n'est pas toujours par suite d'une volonté bien arrêtée, d'un dessein préconçu, que l'on se montre incivil; des causes bien diverses donnent parfois un résultat identique. Ainsi la réserve, lorsqu'elle est excessive, lorsqu'elle dépasse les limites que la dignité peut lui assigner raisonnablement, se trouve aisément confondue avec la hauteur; en réalité, elle a souvent une origine tout opposée, puisqu'elle procède fréquemment de la timidité. Mais la timidité elle-même n'est pas toujours *ce qu'un vain peuple pense*, car, en l'analysant avec soin, on y découvre une très-forte dose de présomption.

La timidité, plus excusable chez une jeune fille dénuée d'expérience que chez une femme, a pourtant chez l'une et chez l'autre une même origine : elle est la conséquence de la crainte exagérée de commettre quelque acte ridicule, et naît par conséquent de la persuasion intime que l'on attire tous les regards et que l'on fixe l'attention de toutes les personnes que l'on rencontre. Si l'on avait plus de modestie, on aurait moins de timidité ; si l'on était persuadée que l'on peut passer inaperçue, on craindrait moins d'attirer l'attention ; si l'on pensait moins à soi, en un mot, on penserait davantage aux autres, et tout le monde y gagnerait.

La timidité n'est en effet autre chose qu'une constante préoccupation de soi-même. Pour une maîtresse de maison, qui ne peut s'acquitter consciencieusement de ses fonctions, si elle ne réussit à perdre de vue ses prétentions et ses inclinations, la timidité, qui est une sorte de paralysie morale et intellectuelle, constitue un véritable fléau ; elle doit s'en corriger à tout prix, sous peine de remplir très-imparfaitement sa mission. Si elle est timide, elle ne saura pas parler à propos à une personne délaissée, la replacer dans le courant de la conversation, s'occuper discrètement, mais activement, de tous ses hôtes, veiller au bien-être de toutes les personnes rassemblées autour d'elle.

Tout le monde reconnaît les inconvénients de cette infirmité, mais on s'y abandonne sans essayer de la combattre, parce que l'on trouve plus aisé de la déclarer incurable. Aucun défaut n'est incurable pour ceux qui ont la ferme volonté de se corriger; et, si l'on veut bien continuer la lecture de ces lignes, on verra que le remède proposé n'est point difficile à appliquer.

Il faut bien l'avouer : la timidité chez les jeunes filles et chez les femmes n'est pas le défaut le plus répandu de notre temps; on pourrait, avec plus de justice, leur reprocher de verser dans l'ornière opposée. L'assurance arrogante, le ton tranchant, les discours cavaliers, les allures militaires, composent la physionomie principale des femmes à notre époque. Certaines excentricités de leur costume ne sont autre chose que l'aveu involontaire, le témoignage visible, logique et forcé de leurs tendances particulières; les femmes, aujourd'hui, semblent traverser la vie avec des bottes, une canne à la main, un plumet sur l'oreille, — et le poing sur la hanche. Comme on n'est pas moins incivil par excès d'assurance que par excès de timidité, et que, dans ce cas, l'incivilité est encore bien plus déplaisante, on doit être persuadé, avant même que je réclame le bénéfice de cette persuasion, que je n'ai point le dessein d'engager les femmes timides à se jeter dans les façons cavalières et militaires adoptées par les *merveilleuses* du jour. Il y a toujours, entre deux partis extrêmes, un troisième parti plus sage à prendre, et je voudrais prémunir nos lectrices contre les inconvénients attachés à la timidité, sans courir le risque de leur communiquer des défauts, moins féminins encore, et particulièrement désagréables et condamnables. Si cependant il se trouvait parmi elles quelques femmes atteintes de la maladie actuelle...., si...., non, je ne veux pas, je ne peux pas admettre cela..., mais enfin, pour prévoir même l'impossible, je donnerai un remède qui pourrait s'appliquer aux deux maladies opposées; seulement, je serai écoutée par une seule catégorie de mes *malades*. On naît timide, on devient arrogante. Dans le premier cas, on peut vouloir essayer de réagir contre son infirmité; dans le second, on l'a choisie, méditée, on l'a accommodée à sa taille; on s'y complaît comme dans un vêtement que l'on suppose être seyant, et, comme l'arrogance compte parmi ses origines une notoire insuffisance d'intelligence, elle est à peu près incorrigible. Il n'en est pas de même de la timidité; il y a sans doute de la présomption parmi les éléments dont elle se compose, mais non pas de la présomption à l'état agressif. Cette présomption est latente, passive, tandis que l'autre est arrivée à l'état aigu. Aux personnes timides, souhaitant de bonne foi leur guérison, on peut indiquer un remède infaillible..... c'est de penser uniquement aux autres, en toutes circonstances, et de s'oublier elles-mêmes. Du moment où elles se résoudront à admettre que l'on ne s'occupe pas principalement de leurs faits et gestes, qu'on ne leur accorde pas une attention spéciale, elles retrouveront la liberté de leurs pensées et de leurs actions; elles pourront être naturelles et atteindre un degré suffisant d'assurance, si elles consentent à se dépouiller de cette dose d'amour-propre qui leur persuade que toutes leurs paroles sont commentées, en leur faisant craindre d'être blâmées. Ainsi donc, de quelque façon qu'on analyse les défauts grands ou petits de l'humanité, quelle que soit la voie que l'on parcourt dans cette étude, on arrive toujours à un but identique : pour remplir ses devoirs, *tous* ses devoirs, il faut sans cesse se souvenir que notre religion blâme ceux qui se préfèrent à leur prochain.

En dehors même du rôle de maîtresse de maison, une personne timide constitue un fardeau pour les personnes qui la reçoivent; elle n'a aucune initiative, et, par son hésitation, ses craintes exagérées, elle impose l'obligation de s'occuper d'elle dans les circonstances les plus puériles. Il faut exercer sur elle une surveillance assidue, une tutelle continuelle, essayer de deviner ses goûts, de faire cesser son mutisme; en un mot, employer à son profit tout le temps que l'on doit donner à tous ses hôtes, et délaisser ceux-ci pour se vouer exclusivement à apprivoiser la personne timide. Cela est incommode pour une maîtresse de maison; donc la timidité est incivile, et il faut absolument s'en corriger, si l'on veut vivre avec ses semblables.

Pour consoler celles de nos lectrices qui seraient en proie à cette infirmité morale, nous allons leur présenter l'esquisse du caractère opposé, qui est bien plus choquant et côtoie sans cesse le ridicule, inconvénient dont la timidité est au moins exempte.

Les personnes infatuées d'elles-mêmes, persuadées de la supériorité de leur jugement, de leur esprit, de leurs talents, sont toujours absolument dénuées de tact et sujettes, par conséquent, à commettre de lourdes bévues. Fermement convaincues que le premier rôle ne saurait être mieux rempli que par elles; persuadées qu'elles usent d'un droit légitime lorsqu'elles s'en emparent, on peut reconnaître leurs intentions et les sentiments qui les animent dès qu'elles entrent dans un salon. Leur entrée est une irruption; leur aplomb démontre leur parfait contentement d'elles-mêmes. Sans avoir égard à la vieillesse, à la priorité, ou même à l'égalité qui, dans une réunion, doit régner entre personnes du même âge, on les voit s'emparer des meilleures places par ruse, ou même par force; les moyens leur importent peu, le but seul les préoccupe. Il faut paraître, il faut se mettre en vue, il faut *poser* enfin, quelle que soit la spécialité à laquelle on s'est voué. A peine assis, on entrevoit une place plus agréable..... on essaye d'en déloger le possesseur. Un homme atteint d'infatuation mentale ne ménagera pas même les femmes, non pas même les vieilles femmes; et, si elles viennent à quitter leur fauteuil, il s'y installera promptement, parce qu'il s'y trouvera plus commodément placé. Absolument dépourvus de cette politesse naturelle ou acquise qui nous enseigne à voiler nos prétentions, à lutter avec notre égoïsme, à nous oublier enfin pour penser à autrui, les malotrus dont je parle n'ont jamais compris qu'il ne doit pas y avoir de *soli* dans une réunion, et que tous les esprits, tous les goûts, doivent s'y asteindre à une règle générale, pour former un *tutti* harmonieux. Une réunion n'est point pour eux un honnête délassement de l'esprit dans lequel chacun paye son écot et échange quelques sacrifices d'amour-propre contre les sacrifices analogues de ses compagnons ; ils sont fermement persuadés que toute réunion ne peut avoir, au contraire, d'autre but que celui de satisfaire leur vanité, en leur fournissant l'occasion de jouer un rôle, de se mettre en évidence, et d'obtenir une admiration qui, du reste, ne saurait leur faire défaut dès qu'ils se présentent pour la recueillir. Le moindre de leurs caprices est chose sacrée à leurs yeux, et doit l'être pour tout le monde ; ils agiront avec une indiscrétion perpétuelle ; parmi les rafraîchissements qu'on leur offrira, ils n'en trouveront aucun qui soit à leur convenance, et désireront justement celui qu'on ne leur présente pas ; ils le demanderont avec instance ; ils obligeront la maîtresse de la maison à tout quitter pour s'en occuper. S'il y a quelque inadvertance dans le service, ou s'il s'y produit quelque accident, ils le remarqueront et le signaleront avec affectation. Quelle que soit la longanimité, l'abnégation, la surveillance des personnes chez lesquelles ils se trouvent, les *malotrus* réussiront bien vite à les lasser, sans réussir à se contenter eux-mêmes. La règle commune ne saurait en effet leur suffire, puisqu'ils sont, selon eux, des êtres privilégiés, et se trouvent par conséquent investis de droits particuliers. Du moment où le culte qui leur est dû subit une infraction quelconque, ils se trouvent lésés, et se retirent mécontents. Les malotrus ne savent pas causer; ils se bornent à contredire tout ce que l'on dit devant eux, et à donner des démentis formels, lorsqu'ils se trouvent en présence d'adversaires trop faibles ou trop polis pour leur répondre sur le même ton; en général, ils sont moins prodigues de démentis lorsqu'ils ont affaire à des hommes. Ils touchent à tout, ils déplient tous les papiers, ils feuillettent tous les livres, ils enlèvent les maîtres de maison à leurs devoirs envers les autres hôtes, pour les employer à chercher au fond de leurs armoires un objet ou un livre dont ils ont particulièrement envie, et enfin se montrent en toute circonstance aussi désagréables, aussi incommodes que possible. Il n'y a pas de parti pris chez eux ; ils n'agissent pas de cette façon pour déplaire à ceux qui les reçoivent; leur conduite, toujours gênante, et parfois inconvenante, n'a d'autre origine qu'un égoïsme porté jusqu'à une sorte de démence, et excité par une vanité démesurée. Les malotrus n'approuveraient pas chez les autres la conduite qu'ils tiennent eux-mêmes; mais ils pensent de bonne foi qu'elle leur est permise, et ils ne supposent pas que, venant d'eux, les prétentions puissent jamais être trouvées incommodes ou ridicules.

Pour se montrer parfaitement civil dans les rapports que l'on entretient avec le monde, il faut donc éviter les deux excès opposés : la timidité, comme l'assurance arrogante, car la première est gênante, non-seulement pour soi, mais, ce qui est plus grave, pour les autres, tandis que la deuxième est à la fois blessante et grotesque. Une personne bien élevée, douée d'un jugement sain, ayant à la fois de la dignité et de la modestie, en possession d'un esprit bien équilibré, et par conséquent à l'abri des craintes puériles qui naissent de la timidité comme des prétentions ridicules qui hantent les cerveaux vaniteux, sera partout en état de bien remplir sa mission, quelle qu'elle soit. Chez elle comme chez les autres, elle saura s'effacer gracieusement, sans s'annuler complétement; dans sa maison, elle cherchera surtout à contenter les hôtes qu'elle reçoit; lorsqu'elle se trouvera chez les autres, elle se montrera invariablement satisfaite des efforts tentés par la maîtresse de la maison pour rendre son hospitalité agréable et confortable. Elle saura que certaines critiques, fussent-elles méritées, abaissent ceux qui les profèrent, et non ceux qui les supportent; les ricanements, les mines dédaigneuses, les railleries portant sur l'organisation du repas, ou sur la nature des divertissements auxquels on a été invité à prendre part, loin de prouver la délicatesse du goût et le raffinement des habitudes de ceux qui se hâtent de blâmer l'hospitalité qu'ils viennent de recevoir, dénotent au contraire la vulgarité de leurs sentiments. Si l'on est *épicurien* au point de ne pouvoir tolérer la médiocrité d'un dîner, on refuse les dîners médiocres, au lieu de s'en moquer après les avoir acceptés. En tous cas, lorsqu'une maîtresse de maison a fait de son mieux pour recevoir ses convives, lorsque la parcimonie ou la négligence n'ont point présidé à ses réceptions, elle peut être certaine que nul de ses convives, pourvu qu'il soit doué de bon sens, et réellement bien élevé, ne saurait éprouver la tentation de railler ses efforts.

Il est de mauvais goût de se montrer ouvertement mécontent d'autrui, comme de se montrer ouvertement content de soi-même. Certaines personnes sont fortement disposées à se croire infaillibles : tout ce qu'elles possèdent, tout ce qu'elles offrent, leur paraît appartenir à un ordre supérieur; leur mobilier leur semble choisi avec un goût tout à fait extraordinaire; leur piano, fût-il hors de service, vaudra mieux que le piano neuf de leur voisine; leurs tableaux sont bien certainement des *originaux* déguisés; le vin le plus médiocre sera exquis, par cela seul qu'il a passé par leur cave, et elles ne se lasseront pas d'admirer et de faire admirer tout ce qui leur appartient, en dénigrant implicitement, ou même ostensiblement, tout ce qui ne leur appartient pas. Ces gens là aussi se trompent, et tournent le dos au but qu'ils ambitionnent d'atteindre : leurs dispositions ne peuvent en effet provenir que d'un manque absolu de discernement, de l'espoir de mettre en défaut le discernement d'autrui, ou d'une vanité déplacée. S'ils se trompent sur la nature des objets qu'ils possèdent, ils prouvent que la sottise et l'infatuation troublent leur jugement; s'ils ne s'y trompent pas, ils veulent tromper les autres; et enfin, si leurs prétentions sont justifiées, ils dénotent le désir d'humilier leur prochain. Ces trois mobiles ne sont pas de nature à attirer l'admiration qu'ambitionnent les vaniteux, et ils devraient se souvenir, dans l'intérêt même de leur principale passion, que l'on n'admire jamais ceux qui se prodiguent des louanges à eux-mêmes.

XX.

USAGES ET CARACTÈRES.

« L'on peut définir l'esprit de politesse, l'on ne peut en fixer la pratique, » a dit la Bruyère.

Il est sans doute malaisé d'indiquer la conduite à tenir dans toutes les circonstances, pour se montrer toujours parfaitement poli ; mais, outre que l'on peut en tout cas marquer les coutumes établies pour l'époque présente, en définissant l'esprit de politesse, en essayant d'analyser son origine et d'éclairer son but, on donne en réalité, pour tous les temps et tous les pays, une sorte d'*indicateur*, qui renferme une solution pour toutes les questions embarrassantes.

La meilleure règle, et la plus infaillible, est d'habituer son esprit à s'interroger avec sincérité, à se demander sans cesse quelle serait la conduite que l'on voudrait voir tenir aux autres vis-à-vis de soi, et à se conformer avec soin à cette mesure, qui est juste, en donnant aux autres, en fait de politesse, de soins et d'égards, exactement ce que l'on voudrait en recevoir.

Ainsi, l'on voit certaines jeunes femmes arriver dans un salon, et, avant d'accorder un salut à la maîtresse de la maison, s'occuper tout d'abord d'une amie qu'elles rencontrent dans ce salon. Il est certain qu'il leur semblerait fort déplaisant d'être, à leur tour, traitées avec tant de légèreté, et ce retour, qu'elles omettent de faire sur elles-mêmes, les aurait justement préservées de faire une incivilité. La première personne que l'on doive aborder dans un cercle, quel qu'il soit, est la maîtresse de la maison. A part un salut collectif, adressé à toutes les personnes qui composent la compagnie, on ne doit avoir *d'yeux et d'oreilles* que pour celle qui la préside de droit; c'est d'elle qu'il faut d'abord s'occuper, en lui adressant les questions classiques relatives à sa santé, à celle de son mari, dont on demandera des nouvelles s'il ne se trouve pas dans le salon; mais on ne dira pas : *Comment va Monsieur* (ou Madame)? on fera toujours suivre l'un ou l'autre de ces interrogations du nom de famille, sous peine de parler un langage de mauvais goût. Le bon goût, en effet, exige la précision unie à la concision, et le mot isolé de *Madame* ou de *Monsieur* communique à la question un caractère vague, qui est presque comique. En revanche, on ne prononcera pas le nom de famille d'une personne lorsqu'on lui parle, mais uniquement lorsqu'on parle d'elle. Il serait extrêmement impoli de dire : Comment vous portez-vous, monsieur ou madame D***? Cette façon de s'exprimer représente une familiarité blessante; elle était autrefois employée par les grands seigneurs vis-à-vis de leurs fournisseurs; aujourd'hui, elle doit être absolument exclue du langage, car, d'une part, nos inférieurs d'aujourd'hui peuvent être nos supérieurs demain, et, d'un autre côté, chacun se reconnaissant solidaire dans toutes les questions qui touchent à la dignité humaine, on ne peut plus humilier ceux qui se trouvent sur un degré social inférieur à celui que l'on occupe sans s'abaisser soi-même.

La mode des robes extrêmement longues a imposé l'usage de relever ces robes sur des jupons assez courts. Il n'est pas convenable de se présenter dans un salon dans ce costume *de rue;* il faut donc, ou se décider à rendre à la robe que l'on porte sa longueur naturelle dans chaque visite que l'on fait, ou bien relever cette robe à la main; cela est incommode, j'en conviens, mais c'est justement pour cette raison qu'il serait incivil de s'en dispenser. Les femmes qui, pour s'éviter ce léger ennui, se montrent ainsi *court-vêtues*, ne se présenteraient très-certainement pas de cette façon chez des personnes qui, toute proportion gardée, leur sembleraient occuper une position sociale supérieure à la leur. Cette mesure suffit pour indiquer la conduite que l'on doit suivre. A part la famille, les amis intimes, qui ne peuvent avoir lieu de supposer le dessein de les traiter avec impolitesse, il faut marquer à tous ceux que l'on connaît les égards que l'on témoignerait à ses supérieurs. La politesse ne saurait se scinder sans se détruire : on n'est plus poli, du moment où l'on choisit les personnes avec lesquelles on veut être poli. En ce cas, on peut même affirmer qu'une incivilité générale serait moins blessante qu'une politesse partielle, car celle-ci dénote, non l'ignorance, non la rudesse du caractère, mais la bassesse des sentiments, l'absence de toute délicatesse, qui s'affirment par le soin même que l'on apporte à indiquer d'une façon évidente les intermittences de la politesse. Avant d'abandonner le chapitre du costume, je demanderai aux femmes de vouloir bien se conduire dans la maison de Dieu avec la déférence qu'elles observeraient dans le salon d'un supérieur, et par conséquent de ne point se présenter à l'église avec une robe relevée sur un jupon aux couleurs tranchantes découvrant des bottes, et composant un costume trop *cavalier* pour ne pas attirer l'attention d'une façon qui est un peu inconvenante partout, quoique sanctionnée par la mode, mais qui, dans un semblable lieu, serait franchement et décidément condamnable.

Les personnes qui sont extrêmement satisfaites d'elles-mêmes, de leur position, de leur intelligence, de leurs relations, de leurs talents, qui se reconnaissent enfin une supériorité remarquable dans toutes les circonstances de la vie, auront plus à faire que toutes les autres pour se montrer polies; il est même à redouter qu'elles ne puissent y parvenir, car cette disposition particulière, se traduisant par un contentement exubérant, a pour origine une sottise native, et pour compagne fidèle une vanité aveugle. Elles ne peuvent se corriger, par cela même qu'elles se jugent infaillibles et parfaites. Elles apprendront sans doute par imitation quelques-unes des formules de la politesse, mais elles les appliqueront machinalement, parce qu'elles n'en auront pas pénétré l'esprit, qui se compose principalement de modestie, de charité et de dévouement. Ce qu'il y a de plus désagréable dans les relations que l'on entretient avec ces personnes si bien persuadées de leur propre mérite, c'est qu'il faut absolument adopter près d'elles le rôle d'admirateur, qui les confirme dans une opinion erronée et abaisse à ses propres yeux celui qui l'accepte, ou bien prendre le parti de la lutte, s'observer, se redresser, veiller sur ses paroles et ses actions, afin que les unes et les autres soient d'accord pour défendre la dignité contre les entreprises de cette soi-disant supériorité, qui nous met à toute heure le pistolet sur la gorge, en réclamant l'admiration et les applaudissements. Il est cruel de ne pouvoir approuver, sous peine d'être immédiatement rangé parmi les *inférieurs*, d'avoir à défendre ses sentiments contre les empiétements de ces caractères avides de domination, de devoir renoncer même à la conformité de goûts et de pensées qui pourrait se produire en quelques cas, parce qu'on la considérerait, non comme un témoignage d'égalité, mais au contraire comme une marque de vasselage. Les relations avec nos semblables ne pouvant reposer que sur des concessions mutuelles, les personnes trop éblouies par leur mérite personnel sont réduites à changer sans cesse d'amis, car on s'éloigne d'elles dès que l'on a pu constater leur égoïsme et leur vanité.

Lorsqu'on analyse les diverses règles qui forment le code du savoir-vivre, on en découvre un grand nombre qui semblent établies uniquement pour mettre une *sourdine* à nos passions, à nos goûts, à nos opinions, à nos sentiments. Ainsi, le bon goût nous interdit de parler trop haut, de gesticuler en parlant; il condamne les marques d'étonnement, les préférences, les goûts trop franchement avoués, et nous impose en toute circonstance le calme le plus complet, une sorte d'indifférence aisée, qui ne se laisse éblouir par aucune splendeur, qui accepte tout ce qui se présente sans surprise, sans empressement, sans laisser voir enfin les véritables impressions qui se produisent en nous.

« Ce n'est autre chose que de la fausseté, » s'écrieront sans doute quelques esprits farouches qui préfèrent montrer franchement leurs défauts, plutôt que de vouloir prendre la peine de les voiler, s'ils ne peuvent réussir à les corriger. Non; il ne s'agit pas uniquement de cacher sa véritable nature, mais de la modifier lorsqu'elle pourrait être déplaisante, et enfin de la protéger contre les interprétations malignes. Il ne faut pas se le dissimuler, en effet; le monde n'est point peuplé d'êtres bienveillants, et l'on doit, par prudence, fortifier les côtés faibles, qui pourraient être attaqués par la moquerie.

En parlant trop haut, en gesticulant avec emportement, on risque de gêner ceux qui se trouvent autour de nous; dès lors la politesse a raison de condamner ces excès.

L'étonnement implique toujours l'ignorance,

et indiquerait ainsi une brèche ouverte aux railleries. Il n'est point nécessaire, pour éviter cet inconvénient, de tomber dans l'excès opposé. Tout excès conduit au ridicule. Si l'on est disposé à sourire aux naïves manifestations d'étonnement trop fréquemment répétées, on éprouve une dédaigneuse pitié vis-à-vis des gens qui se croiraient perdus de réputation s'ils semblaient surpris d'un événement quelconque, qui veulent être au fait de tout ce qui se passe, qui prétendent connaître les faits mieux que les témoins oculaires, et s'empressent, pour établir leur suprématie, d'adresser des démentis à tous ceux qui parlent. Ce n'est point l'étonnement lui-même qui doit être évité, mais bien sa fréquente répétition, et surtout sa bruyante manifestation. On peut ignorer l'incident qui fait l'objet de la conversation, — et, dans ce cas, il sera de meilleur goût d'avouer naturellement son ignorance, en cherchant à la dissiper, que de repousser les explications pour paraître suffisamment instruit ; — mais il faut cependant savoir mettre une *sourdine* à son étonnement, et, en tout cas, s'instruire de façon à ne pas éprouver dans le cours de la conversation ces surprises qui se trahissent par des exclamations et des interjections.

Ce n'est point de la fausseté non plus que de garder pour soi le secret de ses préférences; en les avouant, on les imposerait aux personnes polies, on lèverait un tribut onéreux sur leurs dispositions bienveillantes. Ni préférences ni antipathies hautement avouées, telle est la règle que nous commande, non pas la fausseté, mais la civilité, car il s'agit moins de flatter ceux que nous rencontrons, que d'éviter de les blesser.

Quant à nos goûts particuliers, qu'il faut éviter en certains cas de faire connaître dans toute leur intensité, c'est uniquement au point de vue d'une prudence de bon goût que l'on devra s'observer; c'est d'ailleurs une bonne habitude à prendre que celle de savoir dominer ses penchants, car l'on n'est point destiné à rencontrer sur sa route des personnes toujours disposées à ne point les heurter. En agissant différemment, on prête le flanc à la moquerie, qui est toujours à l'affût de nos faiblesses pour y puiser sa pâture. Il est plus digne, d'ailleurs, de savoir se passer de tout et de n'être l'esclave d'aucune passion, si innocente qu'elle puisse être. Là encore il y a bien des nuances à observer. On n'est point forcé de rester sur la défensive vis-à-vis de tous ceux que l'on connaît; il est, Dieu merci! quelques bonnes âmes, simples, bienveillantes, des intelligences capables d'indulgence et d'aménité, vis-à-vis desquelles on peut désarmer; mais il serait imprudent de conformer sa conduite à ces exceptions et de régler ses habitudes sur ces rapports charmants autant que rares. Savoir se défendre, savoir aussi reconnaître les cas particuliers où l'on peut se dispenser de cette fatigue, comprendre qu'il serait injuste d'appliquer une règle uniforme de méfiance, mais en même temps que l'on ne pourrait, sans s'exposer à de rudes mécomptes, s'attendre à une bienveillance générale; avoir, en un mot, le don de l'observation et l'intuition du degré de confiance que l'on peut accorder, tout cela est le résultat d'une longue expérience ou de facultés précieuses et exceptionnelles. Mais comme les lois sociales, pas plus que les lois civiles, ne peuvent être faites en vue des exceptions, il a bien fallu organiser une sorte de *pied de guerre*, grâce auquel on réussit à se défendre contre les agressions et l'esprit de moquerie qui se rencontrent souvent dans la société. C'est dans ce but que la civilité nous commande des égards constants pour nos compagnons de salon, tandis que notre dignité nous conseille d'entourer ces égards d'une réserve de bon goût, afin de ne jamais les rendre fatigants pour ceux qui en sont l'objet, et de parvenir du même coup à établir que notre politesse provient, non d'un sentiment d'infériorité, mais uniquement du désir de manifester la bienveillance, qui est naturelle à toute âme un peu élevée.

Quant au voile discret que nous devons jeter sur nos véritables impressions, ce n'est pas non plus la fausseté qui nous inspire cette précaution. Il ne faut pas oublier, en effet, que nos meilleurs sentiments peuvent, en certains cas, constituer, par comparaison, une amère et violente critique, qui se produirait d'une façon inconvenante au milieu d'une réunion composée d'étrangers. Les femmes ne peuvent remplir ce rôle de *justicier* qui les mettrait trop en vue; elles sont exposées chaque jour à entendre émettre devant elles, dans les questions littéraires, morales ou même politiques, des opinions qui sont en contradiction avec ce qui est beau, bien et juste. Quelle que soit l'indignation qu'elles peuvent éprouver, elles doivent savoir voiler leurs impressions ; c'est dans l'intimité seulement, au milieu de leur famille et d'un petit nombre d'amis, qu'il leur est permis de dire leur pensée ; il serait du plus mauvais goût d'entendre une femme, et même un homme, interpeller un individu étranger, ou qui leur est peu connu, fût-ce pour combattre des opinions qui seraient condamnables. Cette réserve ne doit pas cependant dicter un acquiescement qui serait opposé à la vérité, car la fausseté commencerait à cette limite ; le bon goût impose le silence jusqu'au moment où l'on serait directement interpellé. Dans ce cas unique, on pourra dire en peu de mots que l'on ne partage pas les opinions qui ont été émises, mais l'on s'abstiendra de toute controverse, qui serait à la fois inutile et nuisible, car on la verrait indubitablement dégénérer en une discussion violente et quelquefois grossière.

Beaucoup de causes se réunissent à notre époque pour changer brusquement les existences, et l'on peut dire qu'en aucun temps la roue de la fortune n'a tourné avec autant de vitesse. Ceux qu'elle abaisse n'ont guère besoin de conseils, car l'adversité est une institutrice rude sans doute, mais infaillible, qui sait donner instantanément à ses élèves toutes les vertus qui leur faisaient défaut. Ceux qui s'élèvent, au contraire, sont sujets à un vertige sous l'empire duquel ils agissent, en se mettant trop souvent en désaccord avec la civilité; à ce titre, ils appartiennent à notre domaine, et il ne sera pas inutile de s'occuper d'eux.

Une grande fortune ou bien une grande position ne sauraient donner à ceux qui les possèdent aucun mérite personnel, et l'on ne peut les honorer pour ce seul fait, s'ils ne sont pas honorables par eux-mêmes; mais il arrive parfois que l'un de ces événements qualifiés *heureux* survenant dans l'existence d'une personne qui, par son caractère ou son intelligence, se trouve au-dessous du niveau de sa fortune, change totalement ses habitudes, et transforme la politesse en froideur hautaine, la bonté en roideur inflexible, la bienveillance en indifférence nullement déguisée. Ces gens subitement élevés par la fortune, étaient de *petites gens*, de petits esprits, des caractères faibles et vaniteux; ils ne comprennent pas même qu'ils s'amoindrissent en se roidissant, que le brusque changement survenu en eux est le témoignage d'instincts peu élevés, que les qualités qu'on leur connaissait étaient factices, et qu'il n'y a plus rien en eux, si ce n'est une pauvre vanité digne de pitié. Ils ne savent pas que, pour n'être pas inférieur à sa position, il faut savoir lui être supérieur, se garder des éblouissements, lorsqu'on veut se préserver du ridicule, et qu'enfin la morgue n'a pas plus de rapport avec la dignité que les honneurs avec la véritable grandeur.

N'oublions jamais que cette véritable grandeur réside en nous, et non pas dans les accidents de la fortune; évitons de nous montrer hautains vis-à-vis de ceux que le sort n'a point encore favorisés; sachons ne point changer en mal, lorsque les événements survenus dans notre existence y introduisent des changements avantageux; et si la bonté, la délicatesse, la noblesse de notre cœur ne peuvent suffire à nous préserver de ces périls, ayons au moins assez d'esprit pour craindre le ridicule et pour éviter de lui donner prise en nous montrant nous-mêmes éblouis de nos succès.

XXI.

LES JEUNES FILLES DANS LE MONDE. — LES JEUNES GENS DANS LE MONDE.

Les jeunes filles se préoccupent outre mesure du rôle qu'elles doivent jouer dans le monde, des paroles qu'elles doivent avoir à prononcer, des devoirs que leur impose le savoir-vivre. Ce sentiment est bon en lui-même, mais son exagération fait manquer le but que l'on se propose. Le rôle des jeunes filles bien élevées est facile à remplir : il se résume en une simplicité modeste, qui leur fait éviter les mines, les rires retentissants, les conversations à voix trop basse ou trop élevée, en un mot tous les manéges destinés à attirer l'attention, et par conséquent à exciter la malveillance et à éveiller la critique. Aujourd'hui, on rencontre, dans le monde fashionable de Paris, un produit inconnu jusqu'ici, et qui appartient exclusivement à l'époque actuelle : c'est la jeune fille *lionne*, écuyère et canotière en été, chasseresse en automne, patineuse pendant l'hiver, dissertant à perte de vue sur les mérites du cheval vainqueur dans les courses, bottée, éperonnée, se démontant le bras à force de secouer les mains de tous les gens qui l'entourent.

Ce type, s'il se propageait, ferait diparaître complétement celui de la jeune fille gracieuse, adroite et sensée, qui est la joie et l'orgueil de la famille. Heureusement, le bon sens ne fait pas défaut à la race française, et la mode, qui en ce moment se déclare pour les jeunes filles ayant les allures des *jockeys*, ne prévaudra pas contre les instincts et les habitudes des familles. En examinant ce singulier et affligeant produit de la mode actuelle, en voyant ces jeunes filles qui traversent les salons la tête haute, le verbe haut, on ne peut s'empêcher de faire quelques réflexions sur l'avenir qui les attend; elles deviendront d'étranges mères de famille! Et comme elles pratiqueront leurs devoirs d'épouses! Leur avenir est tout tracé; leur chemin aboutit en ligne droite et inflexible..... au Palais de justice, dans les salles où un mari est forcé de plaider pour sauvegarder les débris de sa fortune, afin de réserver à ses enfants une petite partie de son patrimoine.

Mais, s'il est impossible d'envisager sans affliction et sans terreur le présent et l'avenir de ces jeunes filles qui s'appliquent à rejeter tous les devoirs que la nature leur impose, pour s'affubler de tous les ridicules qui appartiennent aux hommes, il faut se garder d'adopter un excès opposé. La modestie affectée n'est plus la modestie. Il n'est point indispensable de toujours baisser les yeux, car on peut regarder devant soi sans effronterie et sans crainte. Aux jeunes filles, comme aux jeunes femmes, on peut donner une règle absolue pour rester toujours dans les limites du bon goût; les unes et les autres doivent éviter de jouer un rôle quel qu'il soit, et se dépouiller de toutes les prétentions qui ne sont jamais voilées qu'à demi, et offrent, par conséquent, un point de mire pour tous les esprits moqueurs.

Vous entrez en baissant les yeux, Mademoiselle, vous vous asseyez en baissant les yeux, vous avez préparé à l'avance les réponses que vous ferez aux questions qui pourront vous être adressées. Est-ce la modestie qui vous guide? Ne serait-ce pas plutôt la vanité, le désir, l'espoir de faire dire ou penser : Que cette jeune fille est modeste et touchante! quelle candeur! quelle douceur! et autres éloges de même nature?

Il faut bien vous le dire, les calculs de ce genre obtiennent un résultat tout à fait opposé à celui que l'on se propose; il n'est point aussi aisé qu'on le croit de faire accepter l'apparence pour la réalité, et l'affectation éveille toujours la méfiance. Regardez autour de vous, répondez naturellement, simplement aux questions qui peuvent vous être adressées, sans songer à préparer d'avance vos réponses, et à les apprendre par cœur comme une leçon redite par un perroquet; et, si vous avez le louable désir de mériter et d'obtenir l'approbation générale, soyez réellement modeste, c'est-à-dire dépourvue de vanité et de prétentions; il n'y a pas d'autre route à suivre pour atteindre ce but.

Une jeune fille n'adresse jamais la parole, je ne dirai pas seulement à un homme, mais encore à une femme ; c'est celle-ci qui va au-devant de la timidité inséparable du manque d'expérience, et qui commence la conversation.

Au bal, elle se borne à répondre à son danseur ; si celui-ci ne parle pas, elle restera absolument silencieuse ; en aucun cas elle ne lui répondra à voix basse ; car on pourrait inférer, des *aparte* de cette nature, quelques propos moqueurs sur les assistants. Or une réputation de *moqueuse* est la plus funeste pour une jeune fille. Cette réputation lui suscite des ennemis connus et inconnus, parmi ceux qui ont été atteints par ses railleries comme parmi ceux qui craignent de lui prêter à rire ; le plaisir de s'égayer aux dépens d'un visage disgracieux, d'une toilette ridicule, est méchant, et ne vaut pas les inimitiés qu'il occasionne.

Aucun homme bien élevé, à moins d'être très-proche parent d'une jeune fille, ne lui tendra la main pour secouer la sienne, *à l'anglaise*. Si cependant le contraire se présentait, si un jeune homme mal-appris se permettait cette familiarité, la jeune fille ne ferait pas semblant de s'en apercevoir... et n'y répondrait pas ;

elle ne prendrait pas un air de dignité offensée, de peur d'accorder à cet incident une importance qu'il ne mérite pas, et se bornerait à agir comme s'il ne s'était pas produit. Il est bien entendu qu'elle exceptera de cette règle les vieux amis de la famille; même envers ceux-ci, elle ne prendra pas l'initiative, et elle attendra d'eux cette marque d'intérêt affectueux.

En quelque compagnie qu'elle se trouve, une jeune fille rendra toujours les saluts qui lui sont adressés, elle prendra l'initiative vis-à-vis de toutes les dames qu'elle connaît; elle ne les arrêtera pas pour leur demander des nouvelles de leur santé, car c'est aux dames qu'il appartient d'agir sur ce point selon ce qui leur convient. Ce sont elles qui, à leur gré, arrêteront ou laisseront passer une jeune fille, qui lui demanderont des nouvelles de sa famille; la jeune fille se bornera à répondre poliment à ces questions, et pourra terminer, non en faisant à son tour des questions, mais en exprimant plutôt un vœu à peu près en ces termes : J'espère, Madame, que vous vous portez bien, et qu'il en est de même pour votre famille? On comprendra, je l'espère, qu'il m'est absolument impossible de donner un vocabulaire disposé par questions et réponses pour toutes ces circonstances insignifiantes. Je puis indiquer aux jeunes filles qui lisent ces lignes l'esprit et les sentiments qui doivent les animer, pour que leur conduite soit toujours conforme aux lois de la civilité, mais non leur enseigner les termes qu'elles doivent employer. Cette liste serait bien niaise, et, lors même qu'il serait possible de la dresser, je m'en garderais bien, car je courrais le risque de faire perdre les qualités les plus charmantes : la simplicité, le naturel et l'originalité. Une jeune fille qui n'exprimerait pas d'elle-même ses sentiments, qui s'en rapporterait à un livre pour répéter servilement des termes toujours semblables, ne serait plus un être vivant, animé, mais une sorte de poupée mue par un mécanisme, un automate, faisant invariablement la même réponse dans les mêmes circonstances.

Je puis cependant les engager à adopter vis-à-vis des dames âgées, des ecclésiastiques, des religieuses, en un mot vis-à-vis de toutes les personnes auxquelles elles doivent témoigner du respect, une formule moins brève et moins sèche qu'un simple *bonjour*. Dans ces cas, la formule la plus convenable est celle-ci : *J'ai l'honneur de vous saluer;* encore faut-il employer cette formule cérémonieuse avec tact et à propos. Elle sied peu à l'intimité, elle ne sied pas du tout à l'affection, qui ne s'accommode pas de cette étiquette, bonne à observer seulement près des personnes avec lesquelles on n'a que des rapports peu fréquents ; dans ce cas, il faut bien exprimer en peu de mots le respect que la jeunesse doit à l'âge mûr, à la vieillesse, aux fonctions sacerdotales, à la sublime vie de renoncement et de dévouement qui a été choisie par les religieuses. Il serait ridicule de leur adresser de longs discours à ce sujet. Il est impossible, lorsqu'on les voit rarement, de leur exprimer ce sentiment de respect par des égards, des soins, des attentions, et il faut bien recourir aux termes qui établissent de suite la supériorité qu'on leur reconnaît à juste titre.

Il existe mille circonstances dans lesquelles on échange des propos qui n'ont aucune importance, et qu'il faut par conséquent se garder de prendre au *pied de la lettre*. Ces phrases sont balbutiées plutôt que prononcées, et il arrive souvent qu'on les supprime tout à fait. Quant à la réponse qui leur est faite, on la résume presque toujours en un salut. Lorsqu'on présente un jeune homme à une jeune fille, ils se saluent de part et d'autre, et il n'est nullement nécessaire que ce jeune homme prononce l'une des phrases d'usage sur « la satisfaction que lui procure l'honneur de lui être présenté, » etc. En tous cas, et lors même que ces phrases lui seraient adressées, la jeune fille ainsi que je l'ai déjà dit, n'est nullement obligée de rendre immédiatement l'équivalent de ce compliment, que l'usage a rendu si banal : elle se contentera d'y répondre par une simple inclinaison de tête. Dans toutes les présentations, on procède toujours de l'inférieur au supérieur, c'est-à-dire que l'on nomme celui-là à celui-ci; par conséquent, on ne présente pas une dame à une jeune fille : c'est le contraire qui a lieu, et, dans ce cas, la jeune fille adressera quelques mots de remercîment à la dame qui a bien voulu permettre qu'elle lui fût présentée. Dans cette circonstance, elle ne se bornera pas à un simple salut, et exprimera sa reconnaissance en peu de mots.

Je l'ai déjà dit et le répète encore, puisqu'on me questionne à ce sujet : une jeune fille privée de sa mère ne reçoit jamais aucune visite, à moins qu'il ne s'agisse de dames âgées et de jeunes filles de son âge. Il ne peut y avoir d'exception à cette règle que dans le cas où la jeune fille, qui exerce chez son père les fonctions de maîtresse de maison, aurait atteint l'âge où l'expérience ne lui fait pas défaut. Cette limite, assez insaisissable, peut cependant être fixée entre vingt-cinq et trente ans, plus près de ce chifre que du précédent.

Les usages varient, on le sait, selon les pays, et même selon les localités. En Allemagne, les petites filles et les jeunes filles sortent seules; il en est de même en Angleterre; et quant à l'Amérique, la liberté est poussée plus loin encore, puisque les jeunes filles y voyagent seules si cela leur convient, et parfois reviennent mariées au domicile paternel, n'ayant consulté dans cette grave circonstance que le caprice du moment. J'avoue que les usages français me semblent être, en ce qui concerne les jeunes filles, plus judicieux et plus convenables ; elles vivent entourées de la protection de leur famille, dont l'expérience supplée à leur ignorance. Il faut se garder, en France, de heurter les usages établis, et se conformer strictement aux règles qu'ils imposent. Ainsi, une jeune fille ne fera aucune visite sans être accompagnée d'un chaperon ; elle ne s'exposera pas à être rencontrée n'ayant pour toute protection que la présence d'une femme de chambre. Encore une fois, ces obligations ne sont pas universellement imposées, et l'on s'en affranchit dans certaines villes. Mais, si l'on veut bien réfléchir aux inconvénients qui résultent des habitudes opposées, si l'on reconnaît que l'on n'est pas certaine de rencontrer uniquement des hommes bien élevés et des gens bien intentionnés, on conviendra que sur ce point il vaut mieux incliner vers la réserve, et s'abstenir soigneusement de donner lieu à des commentaires malveillants. La jeune fille qui a éprouvé le plus grand de tous les malheurs, c'est-à-dire celui de perdre sa mère, doit s'imposer une réserve encore plus excesive; mieux vaut qu'elle reçoive chez elle ses amies que de les visiter fréquemment, à moins d'être conduite et ramenée par une parente *respectable,* c'est-à-dire pas trop jeune; non que les jeunes parentes soient peu *respectables,* mais uniquement parce qu'elles sont inexpérimentées, et ne peuvent encore jouer le rôle de *protectrices.*

La plus grande partie des jeunes filles qui lisent ces lignes ont des frères; j'oserai leur demander de communiquer à ceux-ci le paragraphe suivant : la civilité ne peut imposer les devoirs qui la constituent, seulement aux femmes, et, si l'on en juge par un grand nombre de jeunes gens de l'époque actuelle, la science dont nous nous occupons ici est encore plus inconnue aux hommes qu'aux femmes.

Jeunes gens qui portez en ce moment l'uniforme de collégiens, futurs bacheliers ès sciences ou bien ès lettres, vous tous dont les sœurs, abonnées de la *Mode illustrée*, lisent avec un si louable empressement les articles qui leur parlent du savoir-vivre, ayez, je vous en conjure, l'ambition de ne point imiter ceux qui vous devancent dans la carrière. Aujourd'hui, hélas!... à part quelques rares exceptions, les vieillards seuls sont polis.

Les jeunes gens riches adoptent en général des façons non pas impertinentes, mais grossières, un langage mélangé de termes d'argot, des attitudes plus que nonchalantes; ils ne s'asseyent plus, ils se couchent partout où ils se trouvent, et, dans cette charmante position, ils laissent tomber dans la conversation quelques propos révoltants qui leur semblent être spirituels et pittoresques; ils sont trop occupés de chevaux, de paris, de régates, de chasses, et d'eux-mêmes surtout, pour avoir le temps d'être polis : aussi n'y a-t-il pas de place pour la politesse dans leur existence et dans leurs habitudes.

Les jeunes gens qui n'ont pas de fortune songent uniquement, à quelques exceptions près, à acquérir de l'argent : ceux-ci, non plus, ne perdent pas leur temps à être polis. A leurs yeux, la civilité, étant une science qui ne rapporte rien, est par cela même condamnable et condamnée. C'est là une erreur profonde qu'il importe de combattre, non pas au point de vue des qualités représentées par la politesse, mais au point de vue, bien autrement important, de leurs intérêts. On est bien souvent surpris des succès obtenus par certaines médiocrités, et l'on se demande comment elles ont fait pour réussir. Neuf fois sur dix, on pourrait reconnaître que ces gens médiocres ont été des gens universellement polis, qu'ils n'ont jamais froissé personne, et qu'ils ont rendu autour d'eux tous les petits services qui font le charme des relations sociales. A Dieu ne plaise que je prêche ici l'hypocrisie, et que j'indique la politesse comme un moyen de parvenir! Je me borne à constater un fait, et je l'indique, parce que je conserve une persuasion, une espérance inébranlables. Il me semble impossible que l'exercice constant de tous les devoirs qu'impose la politesse ne transforme peu à peu les caractères les plus âpres et les plus personnels; elle inspire le désir d'être utile, celui de plaire, et donne l'habitude du dévouement, en nous faisant agir en toute circonstance de façon à prouver aux autres que nous préférons leur satisfaction à la nôtre.

La politesse est condamnable seulement lorsqu'elle est intéressée; dans ce cas, elle change de caractère, de nom, et n'est plus que la servilité. Si l'on voit un jeune homme poli seulement avec ses supérieurs, avec les individus qui peuvent lui être utiles, on ne louera pas cette politesse, on la méprisera.

Un travers assez répandu parmi les jeunes esprits de notre temps consiste à considérer les divers usages prescrits par la politesse comme un recueil de niaiseries vieillies, dont il faut absolument s'affranchir pour prouver que l'on possède une vaste intelligence incapable de se soumettre à ces règles futiles, bonnes tout au plus pour les esprits médiocres. En rapprochant ce majestueux dédain de certaines préoccupations auxquelles se livrent ces jeunes gens, on ne saurait s'empêcher de sourire; que d'efforts ils s'imposent pour *poser* en grands hommes, pour faire respecter leur supériorité imaginaire! La véritable mesure pour juger les esprits et les caractères consiste à examiner le degré d'importance qu'ils accordent aux puérilités. L'individu qui leur donne sa vie en pâture aura beau mépriser la politesse, sa grossièreté ne le placera pas sur des échasses, et n'aura d'autre résultat que d'indiquer à la fois la sécheresse de son cœur et l'insuffisance de son esprit, car on rapprochera forcément son mépris pour les devoirs à remplir vis-à-vis d'autrui, du culte qu'il professe en ce qui concerne sa personne, ses caprices, ses manies, les goûts qu'il a, ou qu'il prétend avoir.

A notre époque, un jeune homme parfaitement poli, poli avec toutes les femmes, même avec celles qui sont vieilles, avec les inconnus, avec les inférieurs, est un phénomène charmant. Lorsqu'on en rencontre un qui ne s'arroge pas, de par le droit du plus fort, la meilleure place, qui sait la céder de bonne grâce lorsqu'il la possède, qui ne vénère pas uniquement la richesse ou ses apparences, on s'arrête avec surprise, et l'on se dit presque avec attendrissement, en tout cas avec reconnaissance : « Voilà un homme bien élevé ! »

L'exclamation contraire est-elle donc si flatteuse, qu'on la recherche avec obstination? Je livre cette question à la méditation de nos jeunes lecteurs, et j'espère avoir éveillé en eux une bonne et saine ambition : celle de ne jamais inspirer le sentiment de répulsion qu'entraîne inévitablement dans l'esprit de toutes les femmes bien douées la pratique et l'aspect de l'incivilité.

XXII.

LES LOCUTIONS VICIEUSES OU INCIVILES.

Il est beaucoup de choses que l'on oublie après les avoir apprises, beaucoup aussi que l'on n'apprend jamais; d'autres que l'on retient machinalement, et que l'on répète sans se rendre compte de leur signification. Le défaut de mémoire, l'ignorance et l'insuffisance du jugement se relayent en nous pour nous tendre des piéges si nombreux qu'il n'existe, pour ainsi dire, pas une seule personne qui soit absolument certaine de n'avoir jamais commis, de ne commettre jamais une faute contre la grammaire. Mais il y a certaines de ces fautes qui peuvent passer inaperçues, ou trouver quelque excuse; d'autres, au contraire, ont un sens grotesque, une signification vulgaire, et l'on ne saurait en faire usage sans donner à penser que l'on est absolument dépourvu de bon sens, de bon goût et d'instruction.

Je n'ai pas le dessein d'entreprendre une énumération complète des locutions vicieuses; ce travail, qui formerait plusieurs volumes, existe, et nul ne pourrait l'écrire avec plus d'érudition, d'autorité et de verve amusante (voir *Remarques sur la langue française au dix-neuvième siècle, sur le style et la composition littéraire, par M. Francis Wey*). Il s'agit seulement d'indiquer les termes qui sont trop choquants pour n'être pas évités à tout prix. Quant aux locutions inconciliables avec l'élégance du langage, on ne peut les écarter qu'en veillant soigneusement sur les termes que l'on emploie, en consultant fréquemment le *Dictionnaire de la Conversation;* en un mot, en acquérant cette seconde instruction, qui est le fruit de nos propres réflexions, de nos recherches, des comparaisons que l'expérience nous suggère, seule instruction solide, car elle repose sur le raisonnement, au lieu de s'appuyer sur la routine.

Parmi les locutions inciviles, nous rangerons tout d'abord celles dont la construction implique la supériorité, ou même l'égalité. Pour être parfaitement polis, nous devons toujours admettre implicitement que ceux auxquels nous adressons la parole sont supérieurs à nous. La construction de la phrase ne saurait suffire pour indiquer cette nuance, il faut encore que l'accent complète l'intention, la commente et la développe. Un ton impératif détruirait la signification d'une phrase polie, car il prouverait que l'on s'arrête à la forme sans atteindre jusqu'au fond, sans pénétrer le sens véritable de la civilité. S'il est indispensable d'employer des formules courtoises lorsqu'on s'adresse à une femme jeune ou vieille, à un vieillard; si, dans ces trois cas, l'on ne peut s'en départir sans être convaincu d'une impardonnable grossièreté, il est d'un extrême bon goût d'user des mêmes formules en toute circonstance et envers toutes les personnes avec lesquelles on a des rapports quelconques. Le ton impératif avilit celui qui l'emploie, bien plus encore que celui à qui il s'adresse; *apportez-moi, — envoyez-moi*, et tous les équivalents, sont essentiellement grossiers; *voulez-vous, — voudriez-vous m'apporter* ou *m'envoyer*, sont des formules bien plus convenables, qui indiquent, non-seulement une bonne éducation lorsqu'on en fait usage près de ses égaux, mais aussi un bon cœur quand on les emploie vis-à-vis de ses inférieurs. Ces phrases écartent tout symptôme de commandement; elles semblent réserver l'indépendance de la personne à laquelle on les adresse, et, à tous ces titres, méritent d'être adoptées par tous ceux qui savent comprendre que la politesse est respectable, parce qu'elle implique la connaissance et la pratique des sentiments les plus délicats, et que, réservant tout d'abord l'équité, en commandant l'égalité, elle va plus loin encore, et ne s'arrête qu'à la générosité. Gardons-nous donc des formules impérieuses, des phrases hautaines, car elles compromettent à la fois notre éducation, notre esprit et notre cœur; et n'oublions pas que la sottise seule croit s'élever en abaissant les autres. Si je ne me trompe, la vraie mesûre à observer est de parler à nos inférieurs comme nous parlerions à nos égaux, tandis qu'il est de bon goût de nous adresser à ceux-ci en employant toujours des formules qui semblent indiquer que nous nous estimons moins qu'eux. Les sots seuls pourront se méprendre à ces procédés, et porter au compte de leur importance ce qui doit être mis au chapitre de la politesse d'autrui. Les sots seuls ne se hâteront pas d'annuler cette signification généreuse, en en rendant immédiatement l'équivalent. Mais quoi! est-il possible de donner un démenti aux habitudes polies, parce qu'on est exposé à rencontrer des individus qui attribueront l'exercice de la civilité au respect qu'on leur doit et à la considération qu'ils inspirent? Non, sans doute, et il faut se consoler de ces mécomptes, en se souvenant que la politesse est un devoir, non-seulement envers les autres, mais aussi envers nous-mêmes, et que nous devons le remplir, au moins par égard pour nous, lorsque nous sommes exposés à le voir mal interprété par quelques individus malappris, sots et suffisants.

En ce qui concerne la correction du langage, on doit éviter deux écueils opposés, car, si la vulgarité est déplaisante, l'extrême recherche est ridicule, et n'est pas même toujours fort correcte. Les termes les plus simples sont aussi les plus élégants, et, entre deux ou trois synonymes, on écartera les plus prétentieux, pour adopter celui qui aura le mérite de rendre exactement le sens le plus simple. La voie opposée conduit à la déclamation, au style boursouflé, à l'enflure, au langage ampoulé, qui ont le ridicule pour résultat inévitable; vouloir transporter dans le langage familier et usuel les termes pompeux de la poésie et de la tragédie, c'est s'exposer à faire sourire tous ceux qui constatent la disproportion existant entre l'expression, le sujet et la situation. M. Francis Wey l'indique bien finement, et un exemple pris au hasard dans son livre, donnera la mesure exacte du goût qui doit guider dans le choix des termes employés : il remarque « qu'au mot *patrie* s'attache un sens moral, tandis que le mot *pays* concerne le côté matériel des choses. » Il y a par conséquent beaucoup de cas dans lesquels le mot *patrie* peut être ridicule, parce qu'il manquerait de proportions, eu égard au sujet auquel on l'applique; la conclusion fort juste de ce chapitre est « qu'il y a moins de danger à abuser du mot *pays* qu'à mésuser du mot *patrie*, à parler de *mourir pour son pays* qu'à *importer dans sa patrie* une industrie quelconque. »

Cette citation a pour objet d'indiquer dans quelle mesure il faut veiller sur les termes qu'on emploie au point de vue de la correction du langage; les nuances à observer en ce qui concerne la politesse ne sont pas moins délicates; là aussi il faut faire choix des phrases les plus simples, les plus précises. Certaines personnes croient être plus civiles en employant les mots *époux*, *épouse*, que ceux de *mari* et de *femme;* les gens bien élevés n'emploient jamais les premiers, et font toujours usage des seconds. Il est impoli de joindre le nom des personnes auxquelles on parle à l'épithète de *Monsieur, Madame* ou *Mademoiselle;* quand au contraire on parle de ces personnes à leurs parents, on joint toujours le nom aux mots de *Monsieur, Madame* ou *Mademoiselle;* on ne dira pas à une femme : Comment se porte *Monsieur?* cela serait de mauvais goût; ni *Monsieur votre époux,* cela serait pompeux et par conséquent ridicule; mais on dira : Comment se porte *Monsieur Derville?* et ainsi de suite, qu'il s'agisse d'une dame ou d'une demoiselle.

Si l'on me demande pourquoi il est incivil

de prononcer le nom d'une personne en lui parlant, tandis qu'il est ridicule de ne pas le prononcer en parlant d'elle, je répondrai en ce qui concerne la première partie de la question, qu'autrefois les grands seigneurs avaient l'habitude de parler aux *bourgeois* en prononçant leurs noms, et qu'ils ne s'adressaient jamais à leurs fournisseurs sans les appeler *Monsieur Duval* ou *Madame Dimanche;* c'était là un signe de démarcation, une marque d'impertinence, et l'effet a survécu à la cause. Quant à la deuxième partie de la question, il est probable que le mot *Monsieur* ou *Madame*, employé sans que l'on y joigne un nom, emprunte son ridicule à son manque de précision. C'est aussi parce que les grands seigneurs usaient d'une prononciation imparfaite lorsqu'ils parlaient à leurs inférieurs, que certaines imperfections de prononciation sont considérées aujourd'hui comme une preuve d'insolence. Ainsi, l'on ne dira pas *Maame* pour *Madame*, *M'sieur* pour *Monsieur*, *Mamzelle* pour *Mademoiselle;* mais on prononcera ces mots distinctement et correctement, quelle que soit la personne dont on parle, ou à laquelle on parle.

Je sais bien qu'aujourd'hui il y a, dans un certain monde, certaines personnes, bien posées cependant, bien apparentées, qui, d'après toutes les apparences, ont dû recevoir une bonne éducation, et qui, pourtant, suppriment le mot *Monsieur* devant les noms des hommes qu'elles reçoivent, soit en leur parlant soit en parlant d'eux. Quelques jeunes filles de la *high life* suivent même cet exemple; cela constitue une preuve irrécusable d'habitudes mauvaises, contractées dans la plus mauvaise compagnie; cela rappelle M. le duc de Richelieu s'exerçant à parler comme les *balayeux*. Non-seulement je me hâte de prémunir nos lectrices contre ces façons sans façon, mais encore je me crois obligée de les avertir qu'on ne peut avoir aucun rapport avec les personnes qui ont adopté ces manières plus que cavalières, parce que les symptômes de ce genre ne peuvent être isolés, insignifiants, et qu'ils témoignent infailliblement d'habitudes condamnables. Une femme bien élevée ne supprimera pas le mot *Monsieur*, même devant le nom de famille de son mari, lorsqu'elle parlera de lui à des personnes qui ne sont pas ses amies intimes.

Il était incivil, autrefois, de désigner un homme célèbre par son nom, sans le faire précéder par le mot *Monsieur*. Cet usage a subi quelques modifications; en se généralisant il a perdu de son importance, et il serait peut-être plus prétentieux aujourd'hui de dire *Monsieur Dumas, Monsieur Victor Hugo*, que de désigner ces hommes célèbres par le nom qui signe leurs œuvres. Le privilége de traiter ces hommes comme des égaux appartient seulement à ceux qui les connaissent personnellement; pour le public ils sont, non pas M. Dumas, ou M. Hugo, mais *Alexandre Dumas* et *Victor Hugo*. On ne peut, en aucun cas, étendre cet usage aux femmes célèbres ou illustres (ce qui n'est pas synonyme); quelle que soit sa notoriété, et quelle qu'en soit l'origine, on placera toujours le mot *Madame* avant le nom d'une femme, pour peu que l'on ait quelques notions de savoir-vivre.

On court le risque de se servir de locutions

vicieuses lorsqu'on emploie des mots sans se rendre un compte bien exact de leur propriété ; si l'on n'est pas absolument certain du sens qu'ils représentent, il faut avoir recours à un dictionnaire. On évitera ainsi d'employer le mot *réclame*, entre autres, pour le mot *réclamation;* le premier n'a rien de commun avec le second. Si nous en croyons le Dictionnaire de l'Académie, il indique un *petit article dans un journal;* dans le langage parisien, il signifie une recommandation *payée;* mais, en tout cas, il est absolument étranger au sens du mot *réclamation.*

On *joue* de tous les instruments; on ne *pince*, on ne *touche* ni de la guitare ni du piano.

Le mot *société*, est si souvent employé mal à propos qu'il est prudent de l'écarter du langage, pour éviter tous les cas dans lesquels il est impropre ou de mauvais goût. On ne dira pas qu'on va en *société*, ni qu'on a rencontré quelqu'un en *société* avec une autre personne; on doit dire que l'on va, ou que l'on a été *dans le monde;* cette phrase sera de meilleur goût que la phrase aujourd'hui si généralement adoptée, *aller en soirée;* et l'on ne manquera pas de dire que l'on a rencontré M. un tel, non pas en *société,* mais en *compagnie* de M. un tel.

Beaucoup de locutions vicieuses s'épanouissent sur des terrains particuliers, et sont inconnues dix lieues plus loin; il faut les éviter avec soin, en les contrôlant toujours d'après un bon dictionnaire. Dans certaines localités on emploie le mot *machin* au lieu de machine; à Paris, l'on dit volontiers *sûr* pour aigre, et les mauvais plaisants affirment que l'étymologie de ce mot doit être reportée au vin de Suresne. On dira souvent *rester* à la campagne ou à la ville, au lieu de *demeurer* à la campagne ou à la ville. On emploiera les mots *bon genre* ou *mauvais genre,* qui sont de très-mauvais goût lorsqu'on les substitue aux mots *bon goût* et *mauvais goût.* Les Parisiens disent et même écrivent partir *à* la campagne, partir *en* voyage, au lieu de partir *pour* la campagne, partir *pour* faire un voyage; cette faute, très-grossière, est parfois commise par des écrivains, même distingués. Les mêmes personnes diront : Mme une telle *a* voiture, ou bien *a pris équipage,* pour dire que Mme *** a sa voiture;

en continuant la même faute, elles ajouteront que Mme *** *a* femme de chambre et cuisinière; au lieu de dire que cette dame a une femme de chambre et une cuisinière. Imitant le langage trop riche en ellipses qui est généralement adopté par les commis et les demoiselles de magasin, lesquels s'occupent plutôt de parler vite que correctement, certaines Parisiennes diront du *tulle Bruxelles*, pour du *tulle de Bruxelles*, de la valenciennes, de la malines, au lieu de dentelle de Valenciennes, dentelle de Malines; c'est absolument comme si l'on appelait *du Toulouse* le pâté de foies de canards, et d'aussi mauvais goût que si l'on désignait les vins de Champagne ou de Bordeaux par les mots *champagne* ou *bordeaux*. Les mêmes personnes diront une *mise élégante*, au lieu d'une toilette élégante; il m'a dit des *sottises*, pour il m'a dit des injures.

Pour résumer ce chapitre, forcément écourté, je dirai que le langage ne peut être correct si l'on ne s'applique à connaître la véritable acception des termes que l'on emploie; qu'il est prétentieux, et par conséquent de mauvais goût, du moment où l'on se voue à la recherche, à l'emploi des termes peu usités; qu'il est vulgaire, lorsqu'on y introduit des ellipses qui ont pour résultat de dénaturer la précision des mots et de leur attribuer, soit une signification trop vague, soit plusieurs sens opposés; et qu'enfin le langage sera toujours incivil dès que l'on ne saura pas corriger, déraciner, ou tout au moins voiler en soi les prétentions vaniteuses qui inspirent à ceux qui les possèdent la persuasion de leur propre supériorité, et celle de l'infériorité d'autrui.

XXIII.

LES RÉUNIONS.

Toutes les circonstances qui réunissent dans un même cercle des individus plus ou moins nombreux, qu'il s'agisse simplement de visites faites à jour fixe, selon l'usage parisien, de *grandes réceptions* ou de bal, sont comprises dans ce seul mot : *réunion.* Si les devoirs de la politesse sont les mêmes dans toutes ces circonstances, si tous les usages que l'on doit connaître et observer ont une origine commune, c'est-à-dire le désir constant de ne blesser aucune des personnes que l'on rencontre, et des efforts non moins constants pour plaire à tous ceux qui forment la compagnie dont on fait partie, il est vrai, cependant, que les coutumes varient suivant les circonstances, et que l'on doit apprendre à connaître ces coutumes, pour s'y conformer dans l'ordre qui leur est attribué.

Les visites, à Paris du moins, forment aujourd'hui une véritable *réunion*. De tous les cercles, il n'en est point qui soit plus difficile à tenir. Les réunions du soir esquivent les difficultés, parce qu'elles ont toujours un ou plusieurs sujets de distraction pour les personnes qui les composent : la musique ou la danse, les tables de jeu, la conversation, occupent les uns, intéressent ou du moins paraissent intéresser les autres. Le rôle de la maîtresse de la maison est, dans ce cas, relativement facile à remplir ; les préparatifs sont faits à l'avance, et chacun de ses invités cherche et trouve par lui-même le genre de distraction qui lui convient le mieux.

Dans un cercle de visites du matin, la maîtresse de la maison doit, au contraire, s'occuper particulièrement de chacun des visiteurs. Point de distractions, point de rafraîchissements qui permettent de rompre les associations mal formées, et de se rapprocher des divers groupes. Là, il faut s'occuper à la fois des détails et de l'ensemble, établir, entre des personnes qui bien souvent ne se connaissent pas, une conversation générale ; veiller à ce que cette conversation ne se prolonge jamais assez longtemps pour épuiser son sujet, ce qui aurait pour résultat de la faire tomber tout à coup; préparer les transitions, ménager à chacun une *rentrée* convenable, et surtout s'appliquer à ce que personne ne soit exclu par la nature du sujet que l'on traite, sans cependant interrompre un sujet intéressant; satisfaire à la fois la majorité et la minorité, régner et gouverner à la fois, en maintenant une autorité effective, mais insaisissable, quel labeur! Et combien il exige de qualités diverses, de facultés opposées, de tact subtil et délicat! Mais il ne faut pas que cette énumération effraye mes lectrices et les décourage; la plupart de ces qualités et de ces facultés sont inhérentes aux natures féminines, et se résument toutes en quelques bons sentiments : ménager l'amour-propre d'autrui, épargner les humiliations, et n'avoir aucune prétention personnelle.

C'est surtout ce dernier précepte qui doit être toujours présent à la mémoire des maîtresses de maison. La vanité et l'égoïsme sont pour elles des ennemis qui, si on ne les combattait résolûment, leur enlèveraient tout charme et tout pouvoir, et leur communiqueraient un caractère grotesque ou révoltant. Avec un peu d'habileté, en effet, on est seulement révoltant, parce que l'on essaie de déguiser ses préférences et ses faiblesses; mais lorsqu'on ne sait pas même tenter cet effort, on devient franchement grotesque.

Parmi les personnes que l'on reçoit et qui se trouvent réunies d'une façon fortuite, le hasard mélange volontiers les fortunes, les positions, les intelligences. Des femmes qui sont fort riches se trouveront dans le même cercle que des personnes moins riches ou même pauvres; des hommes qui possèdent un mérite réel, mais modeste, seront placés près d'individus ayant un jargon à la mode ou bien une faconde redondante; des personnes décorées d'une particule ou d'un titre se rencontreront avec des gens qui ne sont pas *nés* du tout et portent des noms très-bourgeois. Ces rapprochements inévitables produiront un malaise très-caractérisé si la maîtresse de la maison n'a pas la connaissance bien exacte des devoirs qu'elle doit remplir. Elle doit se porter là où il y a le plus de péril; elle doit faire contre-poids aux prétentions, aux façons suffisantes ou impertinentes qui pourraient blesser, humilier, écraser les personnes modestes par le caractère, la position ou la fortune, si elle ne venait en aide à ces dernières.

Le contraire arrive trop souvent, il faut bien l'avouer. Dans certains cas, ainsi que je le disais plus haut, certaines maîtresses apparaissent véritablement grotesques. Une visite inespérée leur avient-elle, se fait-elle remarquer par un titre, ou se signale-t-elle à l'attention générale par une fortune considérable ou par une renommée quelconque, ces pauvres maîtresses de maison, prises d'un vertige subit, d'une suffocation de vanité et de joie, perdent littéralement la tête. Selon leur sentiment particulier, qui les porte à vénérer spécialement soit l'argent, soit les titres ou la notoriété, elles n'ont plus d'yeux ni d'oreilles, plus d'attentions et d'égards que pour cette visite, dont elles s'estiment si fort honorées, faisant ainsi, à force de vanité, le plus humiliant de tous les aveux d'infériorité. Le cercle qui les entoure n'existe plus; elles délaissent tous leurs visiteurs pour vouer toutes leurs facultés à cette nouvelle visite. Sont-elles un peu plus habiles, tout en éprouvant ces sentiments de vanité, elles les voileront un peu en atténuant les manifestations, mais ne pourront jamais dérober entièrement le mobile qui les fait agir, et se montreront révoltantes par la petitesse et la bassesse de ces sentiments. En vérité, en vérité, on ne peut substituer l'apparence à la réalité, et pour atteindre la perfection de la politesse, il faut posséder la bonté et la générosité.

Ce seront ces deux vertus qui inspireront à une maîtresse de maison le courage d'intervenir toujours en faveur de la faiblesse, qui la porteront à se placer près de leurs plus modestes visiteurs ou bien à créer à ceux-ci des interlocuteurs bienveillants. Les autres trouveront assez de courtisans, et n'ont guère besoin de sollicitude. Chez elle, elle ne saurait avoir de préférence, sinon pour ceux auxquels elle peut être utile; elle doit savoir quitter un causeur spirituel pour un visiteur ennuyeux, et accomplir tous les petits sacrifices que sa situation lui commande, sans jamais laisser apercevoir l'effort qu'ils lui coûtent. Veiller sur tout le cercle qui l'environne, savoir rapprocher les personnes entre lesquelles il peut exister des parités de situation et d'opinion, diriger la conversation sans prétendre lui imposer des sujets spéciaux, tout en la maintenant sur un terrain qui ne puisse réserver à personne des piéges désagréables ou des réminiscences pénibles, telles sont, entre autres, les obligations que je livre à la méditation des maîtresses de maison; par ce simple et bref énoncé, elles verront que toute la vie de la femme, la vie privée, comme la vie en *représentation*, se résume en un seul mot : dévouement.

Quelques femmes, en petit nombre, je l'espère, trouvent que le métier de maîtresse de maison, accepté et pratiqué de cette façon, constitue à tout prendre un métier de dupe. Hé quoi! diront-elles, donner toujours, ne recevoir jamais! Toujours prendre sur soi, prodiguer les attentions, les égards, sacrifier ses goûts, ne tenir aucun compte de ses inclinations, s'imposer la fatigue de veiller sur tout le monde, de protéger les gens *insigni-*

fiants, d'acclimater chez soi ceux qui s'y trouvent peu familiers, et tous ces soins, tous ces efforts, cette contention d'esprit, ce renoncement perpétuel, aboutissant à un résultat absolument négatif, n'offrant d'autre récompense que celle de faire dire à quelques individus obscurs que l'on est une bonne maîtresse de maison! Quelle niaiserie, et combien il est plus sage de faire ce qui plaît en toute circonstance, sans tenir compte des autres, de leurs sentiments, de leurs préférences, de leurs antipathies!

Cela est parfaitement exact, et l'on ne saurait démontrer mathématiquement aux femmes qui feraient des réflexions de cette nature que leur calcul est faux et leur conclusion pitoyable. Ce que l'on acquiert en pratiquant la bonté et la générosité ne peut en effet se chiffrer, ni se mesurer, ni se peser; ces vertus font naître la sympathie, — dont elles ne se soucient pas, — et moyennant l'aide du temps, transforment les étrangers en amis; de plus, le cœur et l'esprit ne peuvent être satisfaits qu'au prix de ces efforts bienveillants, faits en faveur de nos semblables; l'arrogance et le masque de l'indifférence s'appliqueront toujours vainement à dissimuler le vide qui se produit dans toute âme humaine dès qu'elle est occupée d'elle seule et seulement d'elle. Pour arriver à ce degré d'égoïsme, on doit être né incomplet, obtus de cœur ou d'esprit, car la dose de suffisance que suppose tout égoïsme exagéré ne saurait se séparer d'un certain degré de sottise. Il y a au fond de toutes les manifestations de la personnalité, lorsqu'on les analyse avec soin, un élément de bêtise ou d'effronterie. Nul être doué d'esprit n'osera avouer à lui-même et aux autres qu'il se préfère à tous ses semblables, et que la moindre de ses satisfactions a plus d'importance pour lui que le plus sérieux intérêt d'autrui. Quant au cœur, c'est encore le meilleur guide que l'on puisse suivre en toute circonstance.

Pour alléger autant que possible le fardeau imposé aux maîtresses de maison durant la réception de leurs visites, on restera environ un quart d'heure lorsqu'on leur sera peu connu, et l'on se retirera dès que la conversation à laquelle on prend part commencera à languir. Je n'ai pas besoin de dire ici que cette mesure est loin d'être absolue. Les personnes intimes dans un cercle prolongent leur visite aussi longtemps que cela leur convient; les étrangers, même ceux qui connaissent imparfaitement la maîtresse de la maison, ne se retirent pas ponctuellement après un quart d'heure, si la conversation est bien engagée. Cette règle est surtout bonne à appliquer lorsqu'on ne peut échanger qu'un petit nombre de lieux communs, et quand on se trouve au milieu de personnes totalement étrangères. Dans ce cas, on imposerait à la personne que l'on visite l'obligation de conduire de front deux conversations différentes, et la besogne de présider à une seule conversation est déjà assez compliquée pour qu'il soit de bon goût de simplifier, en se retirant, le rôle de la maîtresse de la maison. Un homme garde son chapeau à la main pendant toute la durée de la visite. Il ne s'étend pas dans un fauteuil, il ne se place pas majestueusement dans un canapé ; il s'assied sur le siége qu'on lui désigne et n'affiche aucune habitude familière, fût-il dans la maison de ses meilleurs amis. Tout privilége est essentiellement opposé à l'égalité, qui est la règle principale de la politesse, car jamais un homme bien élevé ne laissera supposer qu'il s'estime supérieur à ceux qui l'entourent; or la familiarité constitue un privilége vis-à-vis de ceux qui ne jouissent pas des mêmes immunités, et il est de bon goût de ne point les proclamer, parce que ceux qui ne les possèdent pas pourraient se trouver atteints dans leur susceptibilité, et mesurer avec un amer retour sur eux-mêmes la différence qui les sépare des *privilégiés*.

Pour les réunions du soir, au contraire, les hommes quitteront leur chapeau, en ayant soin de ne point le placer en évidence sur un siége ou un meuble dont on peut avoir besoin. Sans accabler la maîtresse de la maison d'un empressement qui pourrait lui sembler fatigant, ils se mettront à ses ordres pour toutes les circonstances où elle pourrait avoir besoin de leur service; c'est à elle qu'il appartient d'user avec discrétion de cette bonne volonté, et je l'engage à toujours essayer d'abord de se passer d'un service, à ne le réclamer que dans les cas où il serait indispensable. Certaines personnes exercent une hospitalité qui mérite la qualification de despotique; leurs invités sont toujours accablés d'une immense variété de corvées, et semblent avoir été conviés pour concourir à l'agrément particulier de leur hôtesse, ou simplement pour lui éviter l'emploi de nombreux domestiques. L'une ne peut souffrir les cartes; la vue d'une table de jeu agit sur ses nerfs et elle oblige tous ses invités, ceux-là même qui aiment le *whist* ou la *bouillotte*, à s'interdire cette distraction, pour rester en contemplation devant ses talents de musicienne ou de conversation; une autre, au contraire, n'aime que le jeu et veut imposer sa préférence à tous ceux qui l'entourent. La balance doit être tenue égale entre tous les goûts opposés, et cette tâche sera facile si l'on se trouve avec des personnes bien élevées, disposées par conséquent à se faire des concessions mutuelles; mais en toute circonstance, et à tout propos, une maîtresse de maison ne doit jamais oublier qu'il est une seule personne qu'elle peut sacrifier : elle-même.

Il faut étudier, connaître les goûts particuliers de chacune des personnes que l'on reçoit, et en garder un souvenir exact; celle-ci fuit le voisinage de la cheminée, on lui garde la place qui lui convient; une autre, au contraire, aime la chaleur, on la rapproche du feu ; telle personne aime à causer, telle autre à jouer, on recrute des *partners* pour l'une et pour l'autre, n'imposant ni à l'une ni à l'autre le sacrifice de ses préférences. La diversité des rafraîchissements préférés par les uns et par les autres, la préparation même de ces rafraîchissements, doivent être étudiés par une maîtresse de maison. J'en ai connu qui ne se préoccupaient d'aucun de ces détails, parce qu'ils leur semblaient trop infimes et tout à fait indignes de fixer leur attention, consacrée à des objets bien plus importants. J'ai toujours remarqué qu'à moins de procéder d'une habitude de désordre invétérée et blâmable, cette superbe inattention appartenait toujours aux cœurs secs et aux esprits infatués d'eux-mêmes. Mais quelle que soit l'origine de cette négligence, il est certain que beaucoup de personnes s'éloignaient peu à peu de ces maisons, parce que l'absence de tout confort constitue toujours un manque d'égards pour les invités, en leur prouvant qu'on se soucie fort peu d'eux et de leur agrément.

C'est dans ces mêmes soins, dans ces égards, dans cette sollicitude toujours active pour le bien-être de ceux qui l'entourent, qu'une jeune fille, une jeune femme, prendront l'habitude du dévouement qu'elles seront appelées à exercer en des occasions plus sérieuses. Il n'est pas exact d'affirmer que la générosité peut se scinder, qu'il est possible de la mettre à l'écart dans les relations sociales, et de la retrouver intacte, vaillante, dans les circonstances graves. Toute femme, tout être qui ne saura pas maîtriser son égoïsme dans les petits événements quotidiens de l'existence, se montrera bien plus égoïste encore lorsque des intérêts plus sérieux seront en jeu. Ceux qui savent se faire partout une *belle part* ne sont pas tout à fait estimables, car ils la prélèvent trop souvent sur leurs semblables; il leur manque une délicatesse essentielle, celle dont l'absence implique le dédain de quelques vertus, et les prive du plus doux plaisir : la science du sacrifice, accompli au profit d'autrui.

XXIV.

LES INDIVIDUS POLIS EN APPARENCE SEULEMENT. — LE DÉNIGREMENT. — LA DISCUSSION. — LA DISTRACTION AFFECTÉE. — LA BIENVEILLANCE.

La lettre tue, l'esprit vivifie... Qui n'a entendu, qui n'a prononcé cette maxime si profonde, si exacte, qui s'applique à tout ici-bas et qu'on applique à tout... excepté à soi? Si j'ai tenté souvent, dans les divers chapitres qui font partie de ce volume consacré à la civilité, de conseiller au moins la *forme*, en l'absence du *fond*, je tiens cependant à établir que la politesse réelle ne peut s'accommoder d'une scission, et que le fond lui est aussi nécessaire que la forme; nous allons le prouver tout à l'heure.

Chacun a rencontré, chacun a connu des individus empressés à remplir les menus devoirs de la civilité, s'informant exactement de la santé des personnes qu'ils visitent ou qu'ils rencontre, ne négligeant jamais d'envoyer leur carte de visite dans toutes les circonstances qui commandent ce soin, polis envers toutes les femmes, même pour celles qui sont vieilles, même vis-à-vis de celles dont ils n'attendent rien, ni invitation à de bons dîners, ni recommandation près de personnages influents; ils ont par conséquent tout à fait l'apparence des gens de bonne compagnie, hélas! seulement l'apparence! La *forme* a été soignée; le *fond* fait défaut, soit par un vice organique, soit par le manque de réflexion sur l'intime cohésion qui existe entre la bienveillance, la bonté, la charité, et la politesse; ils s'attachent à la lettre qui tue, et négligent l'esprit qui vivifie.

Ces individus si polis, tant qu'on effleure seulement la mince couche de vernis qui recouvre leurs prétentions, leur vanité et leurs défauts, se montrent franchement incivils dès que la conversation s'engage. Ils ont adopté une ligne de conduite qui demeure absolue, parce qu'ils pensent y trouver la satisfaction de leur puérile vanité; or leur vanité s'applique à cette spécialité : être bien informés de tout ce qui concerne les gens que leur fortune ou leur position sociale place en évidence. Si vous racontez devant eux l'anecdote du jour, ils se sentiront profondément humiliés, car on empiète ainsi sur leurs attributions. La politesse d'emprunt qu'ils possèdent se dissipe immédiatement; ils prendront une attitude d'ennui ou de commisération, et laisseront tomber avec majesté soit un démenti formel, soit une phrase dédaigneuse : C'est bien vieux! Cette anecdote est bien connue! Personne ne parle plus de cela!... Et autres paroles gracieuses du même genre.

Je ne saurais trop prévenir mes jeunes lectrices, et même mes jeunes lecteurs, puisque j'en ai, contre de semblables faiblesses, absolument incompatibles, soit avec la politesse, soit avec la bonté, soit avec l'intelligence; le moindre des inconvénients de cette mauvaise habitude est de dénoncer la sottise de celui qui l'a contractée. Si l'aveu volontaire, et surtout involontaire d'une prétention a pour conséquence immédiate et forcée d'amoindrir celui qui en est atteint, combien ce résultat ne s'aggrave-t-il pas de la puérilité de cette prétention! Et que découvre-t-on en analysant celle-ci? Un plat sentiment d'admiration pour tout succès obtenu à un titre quelconque, pour toute notoriété acquise à tout prix; une infime vanité s'efforçant de se rattacher au succès et à la notoriété, et voulant à toute force frayer avec les *premiers rôles* de la scène du monde, ou tout au moins *paraître* frayer avec eux. Le ridicule inhérent à cette prétention s'aggrâve presque toujours de sa fausseté. En effet, on n'affiche pas la vérité avec tant de persistance, on ne se vante pas des relations que l'on possède naturellement et légitimement, on ne jette de la poudre aux yeux, en un mot, que dans les circonstances où l'on a tout intérêt à aveugler son public.

Ce n'est pas seulement la prétention en elle-même que j'entreprends de combattre ici, parce qu'elle est incompatible avec la civilité, parce qu'elle a pour origine et pour but le désir d'indiquer que l'on hante une sphère inaccessible à ceux que l'on veut bien entretenir des faits et gestes de personnages haut placés; ces motifs ne seraient peut-être pas suffisants pour décider la vanité à abandonner tous les petits moyens qui, dans sa persuasion, l'aident à obtenir de grands effets; il sera plus efficace je crois, d'en appeler à la vanité elle-même, de lui dire qu'elle fait fausse route, qu'elle ne trompe personne; qu'au lieu d'éblouir, elle fait sourire; que les esprits les plus simples discernent fort bien la *hâblerie;* que mille circonstances imprévues, mille symptômes légers, mais accusateurs, mettent sur la voie de la vérité, et détruisent en un moment l'édifice que le mensonge, ou du moins l'exagération élève si laborieusement. Quoi que l'on fasse, et quelque habileté que l'on déploie, on ne parvient pas à duper longtemps un auditoire. Quelques esprits naïfs et crédules, quelques bonnes âmes peu disposées à soupçonner sans preuve, se laisseront peut-être éblouir une fois, lorsque la réflexion n'aura pas eu le temps d'examiner les faits qu'on affirme ; mais il en est de l'exagération qui farde la réalité, comme de tous les fards : sans s'en douter on augmente la dose, et l'on se trouve bien vite en désaccord avec la vraisemblance ; dès lors, en place de l'admiration qu'on poursuit, on ne recueille plus qu'une moquerie méprisante, ou une pitié dédaigneuse. Au nom même de votre vanité, réprimez votre vanité, ô gens vaniteux!

Une deuxième variété, due aux mêmes combinaisons d'origine, adopte le dénigrement perpétuel, en le considérant comme une preuve irrécusable de goût raffiné, délicat, suprême. Pour dénigrer ce que les autres approuvent ou admirent, il leur importe peu de se mettre en contradiction avec la vérité, avec la vraisemblance, et en opposition avec la politesse; si l'on admire devant eux une œuvre d'art, un artiste habile, ou même un monument, ils entreprendront immédiatement de prouver que l'on ne sait ce que l'on dit, espérant ainsi, d'un seul coup, abaisser leurs interlocuteurs, et s'élever eux-mêmes à des hauteurs vertigineuses. Dénigrer ce que les autres admirent, n'est-ce pas en effet démontrer avec la dernière évidence que l'on possède un discernement supérieur, un jugement éclairé? Hélas, non! on se trompe tout aussi souvent en dénigrant qu'en approuvant, et lorsque le jugement que l'on porte est contraire à la vérité, on s'expose au contraire à produire un effet absolument opposé à celui qu'on recherche.....

à prouver, en un mot, que l'on est absolument ignorant, et, de plus, mal élevé.

La politesse n'impose à personne le devoir de se ranger, en toute circonstance, à l'avis d'autrui; elle n'oblige pas à abdiquer toute opinion personnelle, tout sentiment particulier; elle permet l'opposition et la discussion, pourvu que l'on sache manifester celle-là, et conduire celle-ci, non dans l'intérêt d'une personnalité vaniteuse se prétendant infaillible, mais au nom de l'indépendance d'esprit qui appartient à chacun. Ainsi dirigée, la discussion ne prendra jamais le caractère violent qui est en contradiction avec la politesse; nul n'a le droit de prétendre imposer son opinion à autrui. En entendant émettre certaines doctrines, certains sentiments, qui sont un outrage à l'humanité, à la vérité, à la justice, on peut être surpris, affligé ou indigné, mais on ne peut se permettre de forcer celui qui les proclame à adopter une opinion plus honorable. Si votre contradicteur vous semble manquer de sens moral, n'en faites pas votre ami; s'il est impoli, agressif, s'il sème la discussion de personnalités offensantes, ne le suivez pas sur ce terrain, d'où la politesse serait absolument exclue; ayez la force de clore la discussion, et, s'il s'agit de principes sérieux, déclarez que vous ne sauriez en changer, et que toute discussion devient par conséquent absolument inutile. Les attaques directes ou indirectes, les allusions, les accusations, les récriminations, n'ont jamais eu d'autre résultat que de faire naître et croître des hostilités implacables; ces moyens ne ramènent personne à ce que nous croyons être la vérité, et enlèvent aux relations sociales tout le charme qu'on peut en espérer lorsqu'on observe de part et d'autre les principes de la politesse.

Il serait aisé de ne jamais se départir de ces principes, si l'on rencontrait uniquement des gens bien élevés; leur application est difficile, justement parce qu'un grand nombre de personnes les méconnaît; mais lors même que l'on se trouverait en butte à des agressions acerbes, il faut se garder d'imiter ces exemples d'incivilité; on peut toujours se réfugier dans la froideur, et couper court à une conversation qui discute et attaque non plus les principes, mais les personnes; car si la politesse nous commande des égards pour nos semblables, la justice veut que ces égards soient réciproques. Si, par le fait de la mauvaise éducation de ceux qui nous interpellent, cette réciprocité ne se produit pas, il n'y a, pour toute personne bien élevée, qu'un parti à prendre : se retirer absolument de la conversation engagée, afin de ne point être entraîné à imiter les emportements que l'on réprouve.

L'une des formes les plus blessantes que puisse revêtir l'incivilité, est l'attitude distraite et dédaigneuse adoptée par quelques sots, qui pensent s'attribuer une grande importance en s'étudiant à ne marquer aucun intérêt à ce que l'on dit autour d'eux. C'est là un pauvre calcul, qui ne peut germer que dans les cervelles étroites et dans les âmes dépourvues de noblesse. Parfois ce calcul a pour origine une incapacité absolue, qui espère déguiser le vide en le masquant avec l'indifférence; ces puérils procédés ne trompent personne, et blessent tout le monde; celui-là seul qui les emploie se méprend sur leur portée, car chacun sait que la véritable supériorité s'intéresse à tout et à tous, soit pour satisfaire l'intelligence, soit pour contenter le cœur. La bienveillance est un sentiment que nous devons à tous nos semblables, et la civilité ne saurait exister sans ce sentiment; sommes-nous en situation de rendre des services sérieux, nous ne pouvons, sous peine de manquer de cœur ou de politesse, nous dispenser de les rendre avec bienveillance, c'est-à-dire sans hauteur, sans sécheresse. Si, au contraire, nous avons le malheur de ne pouvoir être utiles, la bienveillance adoucira le refus, en prouvant que nous aurions été heureux d'accorder l'aide que l'on nous demandait, et que l'obstacle ne peut être attribué à notre égoïsme ou bien à notre sécheresse d'âme. Enfin, lorsqu'on ne peut accorder un secours efficace, apporter son contingent d'efforts pour écarter quelques difficultés, porter enfin une partie du fardeau qui pèse sur chacun de nos semblables, on l'allége tout au moins par des marques de bienveillance et d'intérêt sincère : toute autre ligne de conduite ne peut être adoptée, je le répète, que par des sots dépourvus de tout sentiment délicat et généreux.

Ce sentiment de bienveillance, inhérent à

tout cœur bien doué et inséparable d'une grande intelligence, se manifeste sans cesse dans les relations sociales ; il est l'essence même de la politesse ; c'est lui qui commande les égards, les ménagements, qui inspire les soins, les attentions ; c'est grâce à lui que l'on écoute avec complaisance, même les détails auxquels on ne porte pas un intérêt direct, même les anecdotes que l'on connaît déjà, même les lieux communs, les banalités qui composent le répertoire de certaines personnes ; c'est la bienveillance qui écarte les honteux mouvements de l'égoïsme et de la vanité ; c'est la bienveillance qui nous porte à accueillir avec empressement les parents pauvres, les amis placés dans une sphère inférieure, tous ceux enfin dont la susceptibilité pourrait être blessée par ces façons distraites et froides qui établissent une sorte de barrière, imaginaire sans doute, mais nullement chimérique. Il n'est point de situation ici-bas qui puisse nous excuser de manquer à ce premier devoir de civilité, et quelle que soit l'élévation à laquelle les hasards de la fortune puissent nous placer, nous ne saurions faillir à ce devoir sans accuser des instincts bas et mauvais. Il ne faut pas croire qu'il existe en ce monde une situation dans laquelle on soit dispensé de témoigner à *tous* ses semblables la bienveillance qu'on leur doit. Tant pis pour ceux qui s'élèvent sans songer à s'améliorer : leurs défauts de cœur et d'intelligence seront d'autant plus visibles qu'ils seront plus haut placés, d'autant plus répréhensibles qu'ils peuvent blesser un plus grand nombre d'individus, d'autant plus inexcusables que la bienveillance leur est devenue plus aisée à manifester.

XXV.

LES DEVOIRS D'UNE MAÎTRESSE DE MAISON.

Les devoirs d'une maîtresse de maison sont si nombreux, qu'il serait à peu près impossible de les inscrire dans le *code* que l'on nous demande de composer. Nous ne pouvons en indiquer qu'une faible partie, mais on suppléera aisément aux lacunes inévitables, aux *cas non prévus par la loi*, en se souvenant sans cesse que ces devoirs peuvent être résumés en quelques mots : plaire à ses hôtes, ménager leurs susceptibilités, satisfaire leurs goûts, et par conséquent connaître leurs habitudes, afin de leur éviter des privations et des obligations qui leur seraient pénibles.

Il ne faut point conclure de ces recommandations que le rôle d'une maîtresse de maison puisse obliger une femme à tolérer chez elle des habitudes de mauvais goût, des discours inconvenants, des façons vulgaires et choquantes. Une maîtresse de maison vraiment digne de remplir ces fonctions délicates doit avoir, outre le soin de ménager les susceptibilités de tous ses hôtes, le respect de sa propre dignité, et l'imposer avant tout à ceux qui passent le seuil de sa demeure. Lors même qu'il lui conviendrait de tolérer pour son propre compte certaines habitudes vers lesquelles les hommes de notre époque inclinent volontiers, elle doit songer que, du moment où elle reçoit du monde, elle doit abdiquer ses sympathies et ses antipathies, et veiller à ce que nul ne soit favorisé au détriment des autres. Elle doit une part égale de sollicitude à chacun de ses hôtes, et ceux-ci, pour peu qu'ils aient le sentiment des convenances, sauront joindre leurs efforts aux siens propres, afin de concourir à l'agrément de tous. Mais s'ils n'avaient pas ce sentiment des convenances? A cette question, nous répondrons que le devoir de la maîtresse de maison est justement de l'inspirer, d'enseigner avec tact et délicatesse les règles du savoir-vivre à ceux qui les ignorent, et de leur apprendre, non par ses préceptes, mais par ses actions, que les relations de la société sont basées sur le respect de droits égaux, sur le désir de faire disparaître toute aspérité blessante, sur la politesse, en un mot. Il en existe deux variétés, la fausse et la vraie : la première peut être très-blessante, tout en conservant les dehors les plus irréprochables ; la seconde, celle qui vient du cœur, sera toujours charmante, lors même qu'elle aurait quelques défauts de forme, et comporte tant de qualités délicates, tant de sentiments généreux, qu'elle est presque une vertu. En effet, préférer constamment les autres à soi-même, faire gracieusement abnégation de ses volontés, de ses goûts ; éviter, que dis-je éviter?..... n'avoir pas même la pensée d'adresser une parole désobligeante, de laisser percer une intention dédaigneuse ou moqueuse, ne faire jamais acte de supériorité sociale ou intellectuelle, afin d'éviter de heurter ceux qui sont moins favorisés par la fortune ou la nature... ces caractères ne sont-ils pas ceux auxquels on reconnaît une vertu? On voit combien la vraie politesse diffère de celle qui est fausse : celle-ci, en effet, tout en observant scrupuleusement les formes, sait renfermer une offense dans un salut, placer dans la phrase la plus gracieuse en apparence la parole qui doit blesser; elle est, en un mot, la politesse des hypocrites, celle des méchants cœurs, et elle fournit la plupart des armes que l'on dirige contre les lois de la politesse proprement dite. En effet, les caractères égoïstes et vaniteux, les gens qui ne veulent s'imposer aucune contrainte profitable aux autres, ceux qui ne veulent pas admettre l'obligation de voiler leurs prétentions blessantes pour l'amour-propre d'autrui, ceux-là condamnent la politesse au nom de la sincérité, et l'assimilent à l'hypocrisie. Mais, en croyant prouver une qualité, ils ne prouvent en réalité que la sécheresse de leur nature; ils prouvent qu'ils ne peuvent être polis avec sincérité, et que leur personnalité envahissante a détruit en eux les sentiments de bienveillance inhérents à toute âme un peu élevée. La société n'impose pas le mensonge à titre de politesse; elle exige la manifestation de certaines vertus, telles que la modestie et l'abnégation : mais elle ne défend pas à ces vertus d'exister réellement et d'être la source de ces manifestations. La grossièreté ne peut donc, en aucun cas, se parer et s'honorer des dehors de la franchise : celle-ci n'est point une qualité quand elle dévoile des défauts, et la société ne fait point preuve d'hypocrisie en la condamnant; elle use seulement du droit de défense, car elle écarte de son sein ceux qui, par leurs habitudes, rendraient ses relations impossibles.

Ces principes doivent être toujours présents à la pensée d'une maîtresse de maison, et, ainsi que nous l'avons dit, elle doit les propager surtout par son exemple. Elle y parviendra en n'occupant jamais les autres d'elle-même, et en s'occupant sans cesse des autres. Elle tomberait dans une erreur grave si elle croyait avoir le droit d'imposer à ses hôtes les passe-temps qui lui conviennent le mieux. L'hospitalité qu'elle donne exige le sacrifice de ses propres goûts, lorsqu'ils ne s'accordent pas avec ceux des personnes qu'elle reçoit. De plus, une maîtresse de maison ne doit pas prendre une part trop active aux divertissements que l'on trouve chez elle : si l'on joue, si l'on fait de la musique, elle doit avoir pris des mesures qui la dispensent de figurer au premier rang, et de se livrer à des divertissements qui l'empêcheraient de veiller sur tous ses hôtes. Il ne peut y avoir d'exception à cette règle que dans le cas où la maîtresse de maison pourrait se faire suppléer dans ses fonctions par une mère ou une belle-mère, qui, ayant les mêmes droits qu'elle, aurait qualité pour exercer les devoirs qu'elle lui céderait.

Quel que soit l'objet d'une invitation, qu'il s'agisse d'un dîner, d'un concert ou d'une simple soirée, la maîtresse de maison doit être prête avant l'arrivée de ses invités; elle doit avoir prévu le cas où quelques-uns de ceux-ci pourraient arriver de bonne heure, et leur éviter la crainte d'être arrivés trop tôt. Le salon doit être prêt de bonne heure, par la même raison, puis aussi parce que des préparatifs faits à la hâte, au dernier moment, devant une partie des invités déjà réunis, indiquent le manque d'ordre et de prévoyance, ou bien encore une insouciance dédaigneuse, et par conséquent blessante pour ceux qui en sont l'objet. On doit aussi se préoccuper du bien-être matériel de ses convives, et ne point les introduire dans un salon où l'on allume du feu devant eux, et dans lequel ils attendent en grelottant que l'on ait terminé les préparatifs qui devaient précéder leur arrivée. Quel que soit le nombre des domestiques dont une maîtresse de maison puisse disposer, elle agira sagement en faisant prendre, la veille du jour où elle doit recevoir, toutes les dispositions qui peuvent être faites d'avance. Si nombreux que soient les domestiques, ils s'acquitteront toujours imparfaitement de leur tâche si la maîtresse de maison les abandonne à eux-mêmes et leur permet d'attendre les derniers moments. L'ordre et la prévoyance sont des qualités indispensables dans toute administration; elles peuvent, jusqu'à un certain point, remplacer la richesse : mais celle-ci ne les remplace jamais, et n'existe pas longtemps quand elle ne les a pas pour soutiens.

L'élégance du service, qu'il s'agisse d'une soirée ou d'un dîner, est toujours subordonnée à la fortune de ceux qui reçoivent; il nous est par conséquent impossible de donner ici les règles absolues que l'on nous demande, puisque ces règles sont au contraire relatives. Nous devons ajouter cependant, en thèse générale, qu'il est un luxe à la portée de tout le monde, et que la maîtresse de maison doit à ses invités de diriger tous ses efforts vers ce point capital, qui est la propreté. Elle doit déployer à cet égard une sévérité rigoureuse et user d'une surveillance minutieuse. Quelques apparitions, courtes, mais imprévues, dans l'office ou dans la chambre où s'élaborent les rafraîchissements, suffiront pour faire exécuter ses ordres. Quelle que soit la simplicité des rafraîchissements que l'on est en mesure d'offrir, ils doivent toujours être bien préparés et servis avec abondance. Il vaut mieux faire circuler des verres de sirop bien frais que d'offrir des glaces, des sorbets, etc., en quantité insuffisante. Il n'est rien de plus pauvre que le faux luxe, et, comme il dénonce toujours une vanité mal entendue, il porte toujours le cachet du mauvais goût. De même que l'on aura épargné aux invités la vue des rouages qui servent à faire fonctionner la fête à laquelle ils ont été conviés, il faut éviter de les initier aux efforts qui auront été faits pour les recevoir convenablement, et par conséquent il faut se garder soigneusement d'entreprendre une tâche au-dessus de ses moyens.

L'influence de la maîtresse de maison doit

être toujours présente et toujours invisible. Elle aura le soin de réunir les personnes qui se connaissent et qui se conviennent, afin que nul ne reste délaissé et abandonné à ses propres forces. Si l'on danse chez elle, elle préparera une ou plusieurs tables de jeu, afin que les pères, les mères, les tantes, les oncles, puissent trouver les divertissements de leur âge. Si l'on joue, eût-elle beaucoup de plaisir à jouer, elle devra s'en abstenir, afin de ne négliger aucune des personnes présentes, aucun des soins qu'exige toute réunion. Enfin, si l'on fait de la musique d'amateurs, lors même qu'elle aurait beaucoup de prétention à un talent musical quelconque, elle s'abstiendra de jouer le premier rôle, et s'appliquera à placer les autres sur le premier plan. Elle aura les mêmes précautions lorsqu'il s'agira de sa toilette : elle sera assez élégante pour faire honneur à ses hôtes, mais elle évitera d'éclipser les femmes qu'elle reçoit. La toilette d'une femme qui connaît les lois du savoir-vivre est moins brillante chez elle que chez les autres; elle sait en effet que son but doit être de s'effacer au profit des autres et d'employer tous ses efforts, non pas à éblouir ceux qu'elle reçoit, mais à mériter leur reconnaissance pour tous les sentiments d'abnégation dont elle fait preuve.

Comme on le voit dans cette esquisse rapide, le rôle d'une maîtresse de maison se compose surtout de dévouement; mais n'est-ce point toujours le dévouement que l'on trouve quand on analyse les petits et les grands devoirs des femmes, ceux qui leur sont imposés par la société, comme ceux qui leur sont dictés par la nature? Aucune femme, vraiment digne de ce titre, ne songe à s'en plaindre ni à les rejeter parce qu'ils sont trop lourds. Le dévouement ennoblit tous les soins, même ceux qui sont les plus infimes; il allége tous les fardeaux; il facilite tous les sacrifices, et, en les imposant il donne la force de les supporter. Il donne plus encore, car il apporte avec lui une satisfaction pleine de sérénité, qui échappe aux douloureuses déceptions auxquelles sont soumises les relations du monde, et, puisant sa force en lui-même, il n'est point soumis aux pénibles conditions de mobilité qui président à toutes les joies et à toutes les espérances que l'on fait reposer sur les autres.

XXVI.

TRIVIALITÉ DU LANGAGE. — UN PEU DE TOUT.

La société, qui n'a pas le temps de sonder les consciences et d'analyser les sentiments, juge les individus d'après certaines règles établies par elle, et destinées à lui présenter l'apparence des qualités et des vertus qu'elle exige chez ceux qu'elle adopte.

Ces jugements sommaires ne sont pas aussi frivoles qu'on voudrait le faire croire; il est difficile qu'un caractère bas et égoïste prenne constamment les dehors de la grandeur et de la générosité; il est impossible qu'un caractère noble revête volontairement une forme triviale.

Parmi les symptômes qui servent à établir le soin donné à l'éducation du cœur et à celle de l'esprit, le choix des termes qui composent le langage figure au premier rang. Cependant une sévérité absolue court le risque d'être injuste quand elle se formule à propos du langage : mille causes indépendantes de la personnalité peuvent introduire dans le langage des locutions vicieuses ou triviales ; le manque de réflexion, l'empressement à adopter des termes nouveaux, l'instinct d'imitation, enfin les rapports avec les domestiques, toutes ces causes diverses agissent isolément ou simultanément sur les individus, et apportent leur contingent d'expressions impropres, de néologismes antigrammaticaux et de termes vulgaires. L'habitude de réfléchir sur les paroles que l'on prononce suffira pour écarter du langage les locutions triviales qui y sont *transplantées;* quand elles sont au contraire le produit du sol, quand elles représentent et formulent le véritable caractère de l'individu, ce n'est plus sur la forme, c'est sur le fond même qu'il faut agir.

La trivialité n'est point, du reste, le seul écueil que l'on doive éviter ; le désir de paraître élevé, quand ce n'est qu'un désir et non l'attestation même de l'élévation naturelle du caractère, conduit inévitablement à l'emphase. L'emphase, à son tour, mène au ridicule. Les faux savants cherchent à éblouir, et emploient de préférence les termes peu usités, les appellations par trop techniques : les savants véritables cherchent à se faire comprendre et se mettent à la portée de tous ; le pédantisme dans le langage est un défaut qui appartient à l'extrême jeunesse ou bien à l'extrême vanité. La première, enivrée des connaissances qu'elle vient d'acquérir, est facilement portée à en faire parade ; on sourit à ces efforts, mais on sourit avec indulgence, car on sait que la réflexion, et surtout l'instruction véritable, feront disparaître ce léger défaut. On est plus sévère pour la vanité, qui, dévorée du besoin d'éblouir, fait entrer en première ligne dans ses calculs l'infériorité d'autrui ; cette vanité est blessante par cela seul qu'elle se produit ; un sot peut seul l'éprouver, et voilà pourquoi un jeune pédant fait sourire, tandis qu'un pédant arrivé à la maturité de l'âge fait rire.

Si la vulgarité doit être soigneusement évitée parce qu'elle implique pour les observateurs sévères la bassesse des instincts et la trivialité des habitudes, l'extrême recherche des termes que l'on emploie entraîne des inconvénients d'une autre nature : le premier de tous est d'indiquer que l'on manque de naturel, de bon goût et de mesure ; l'élégance du langage, comme toutes les élégances, ressort, non pas de l'emploi de ce qui est beau et pompeux, mais de la juste application des termes et des choses, du sentiment vrai, qui fait connaître leur opportunité. Une femme sera fort élégante en portant le soir une robe ornée de dentelles et de fleurs ; si elle voulait mettre cette robe le matin, elle serait parfaitement ridicule. Il en est de même du langage : si l'on transporte dans la prose les termes pompeux de la poésie, on prouvera que l'on ignore les lois qui règlent les attributions des genres et l'emploi des choses.

Il faut éviter en général les locutions impropres, celles qui sont détournées de leur sens positif. Une simple recherche dans un dictionnaire suffira pour écarter les doutes. Nous donnerons pour exemple une locution qui s'est glissée de l'office au salon, et qui est employée aujourd'hui, même par des personnes *bien élevées* : elles disent, comme leurs domestiques, *avoir de la chance*, pour *avoir du bonheur*, être privilégié. Si ces personnes prenaient la peine d'ouvrir un dictionnaire, elles verraient que le mot *chance* est synonyme de hasard. Or on ne peut pas *avoir du hasard*. *Avoir de la chance* ne peut signifier que l'on a du bonheur, car la chance peut être mauvaise comme elle peut être bonne.

Une personne bien élevée ne prononcera jamais le nom d'une artiste en le faisant précéder de l'article *la* : *la Ristori*, *l'Alboni*, etc. Cette façon de parler est à la fois vulgaire et blessante ; elle affecte un faux air de dilettantisme, et rabaisse l'artiste que l'on nomme à l'état d'une *chose*. On applique l'article surtout aux artistes de l'Opéra-Italien, parce que l'usage l'admet en Italie. Si mal élevée que l'on soit, on n'essayera jamais de dire *la Viardot*, *la Plessy*. Lorsqu'on adopte cette façon de parler en France, fût-ce à propos d'artistes italiens, on oublie les habitudes courtoises que la langue française impose, et, voulant paraître familier avec les coutumes d'un pays étranger, incompatibles avec les mœurs françaises, on court le risque de prouver seulement que l'on manque de politesse et de bon goût. En Italie, en effet, on désigne toutes les femmes par leur nom de famille, précédé de l'article. Cet usage n'est pas appliqué uniquement aux artistes, et perd par conséquent le caractère d'une exception blessante : on dit *la Doria, la Colonna,* comme on dit *la Grisi, la Penco;* cet usage est seulement familier en Italie ; en France, il devient cavalier et grossier. La règle observée par les gens bien élevés est de faire précéder du mot de *Monsieur* ou de celui de *Madame* les noms des personnes celèbres, tant qu'elles sont vivantes ; cet usage reste en vigueur pour les femmes, même après leur mort, et l'on dit toujours *madame* Malibran, *mademoiselle* Rachel.

On emploie souvent une locution qui, par suite du bouleversement de la société, ne présente plus aucun sens aujourd'hui. On dit : *Aller dans le monde, — une personne du monde.* Avant la révolution, il n'y avait en effet qu'un *monde,* celui de la cour, hors duquel il n'existait personne qui méritât d'être mentionné; les mœurs ayant changé, ce terme ne peut plus être employé.

Notre époque se distingue par la pluralité des *mondes;* et le monde est composé d'une infinité de sociétés : le monde officiel compte des représentants de toutes les classes de la nation; le monde aristocratique fait partie de toutes les sociétés; on le rencontre dans le monde officiel, — chez les artistes, — chez les financiers, — chez les commerçants. La fusion de toutes les classes de la société est si complète en France, qu'il n'existe plus de monde proprement dit; tout le monde est *du monde*, car chacun fait partie d'un monde quelconque. Il faut donc dire, non pas que *l'on va dans le monde*, mais que l'on a des relations avec un grand nombre de personnes.

Dire que Mme *** a *ouvert ses salons* est une expression de tapissier. Il est d'ailleurs bon de noter en passant qu'il en est des salons comme de la vertu : ceux qui en ont le moins sont justement ceux qui en parlent le plus. On ne peut donc pas dire que l'on a reçu du monde *dans ses salons*, sans courir le risque de paraître surpris et ébloui d'avoir plusieurs salons; une personne bien élevée dira que Mme *** a reçu beaucoup de monde, — sans se croire obligée d'indiquer par le pluriel le nombre des pièces consacrées aux réceptions.

Il est difficile, pour ne point dire impossible, de noter toutes les locutions vicieuses qui s'introduisent chaque jour dans le langage; mais nous pensons qu'il est plus sûr de remonter à la cause, pour la détruire, que d'engager avec les effets une lutte qui se renouvellerait sans cesse. Pour éviter la trivialité dans le langage, il faut l'écarter de la pensée; il faut proscrire la vanité qui inspire le désir de briller, et celui d'humilier les autres en insistant sur les avantages de la richesse, sur le prestige d'un nom illustre; il faut avoir de la délicatesse dans les sentiments et dans les goûts, si l'on veut éviter la fausse recherche, qui indique seulement l'absence de la vraie distinction. C'est le désir d'éblouir en faisant parade d'une instruction superficielle qui égare le langage dans les phrases nébuleuses, dans les termes techniques qui nécessiteraient, pour être compris, l'emploi d'un dictionnaire de philosophie ou de médecine; c'est l'ignorance, enfin, qui fait adopter des locutions contraires aux règles de la grammaire. En un mot, si l'on n'a pas des instincts grossiers, on n'emploiera pas des termes vulgaires; si l'on n'est pas vaniteux, on évitera naturellement les expressions qui indiquent l'enivrement causé par une prospérité récente ; si l'on est réellement instruit, on ne cherchera pas à paraître savant, et l'on évitera sans efforts l'écueil du pédantisme ; si l'on a fait de bonnes lectures, on aura pris la peine de réfléchir sur l'emploi des mots, on pourra discerner les fautes que les meilleurs écrivains peuvent commettre, et l'on évitera de les imiter.

Une locution vicieuse qu'il importe de signaler, parce qu'elle est employée non-seulement par quelques personnes ignorantes, mais par des écrivains qui l'ont transportée de l'office dans leurs livres, est celle-ci : *Partir à la campagne, aller en voyage.* Or beaucoup de jeunes gens pourraient s'y tromper, et, pensant que tout ce que l'on imprime est conforme aux règles de la grammaire et à celles du bon sens, ils courraient le risque d'employer à leur tour cette locution, qui est fort triviale : on part *pour* la campagne, on *va* voyager. Les expressions que nous avons signalées ne peuvent être employées que par des personnes dépourvues de toute instruction.

Il est aussi extrêmement vulgaire de dire *votre dame*, *votre demoiselle*, en parlant à un homme de sa femme et de sa fille; les domestiques, lorsqu'ils causent entre eux des personnes qu'ils servent, peuvent seuls employer cet adjectif possessif. On demande à M. *Valladier*, par exemple, des nouvelles de madame *Valladier*, de mademoiselle *Valladier;* si on est très-lié avec lui, on peu lui demander des nouvelles de *sa femme*, de *sa fille*, jamais de *son épouse*, de *sa dame* ou de *sa demoiselle ;* le premier terme, visant à l'emphase, est burlesque; les autres, visant à la recherche, sont vulgaires. On ne dira pas non plus à M. Valladier : Comment se porte *madame* ou *mademoiselle?* sans ajouter le nom de famille appartenant à la personne dont on parle; lui-même, parlant de sa femme à des personnes qui n'ont pas des rapports très-intimes avec lui, ne dira pas *madame* tout court, mais bien *madame Valladier*.

On ne déroge jamais en se montrant poli, même pour les individus placés sur le plus humble degré social; on s'abaisse indubitablement en se montrant hautain, ou grossier, même avec un porteur d'eau.

La politesse se confond avec la fausseté, seulement lorsqu'elle est intermittente, lorsqu'elle se produit vis-à-vis des supérieurs, des égaux, des étrangers, pour s'éclipser dans les rapports avec les inférieurs et les parents; dans ce cas, en effet, l'effort que l'on s'impose dérive en ligne droite de la fausseté, d'un calcul intéressé, et l'homme poli par intermittence seulement, est plus blâmable et plus méprisable que l'individu qui est grossier en toute circonstance et avec tout le monde.

On doit toujours s'abstenir de parler de leur âge aux femmes et même aux hommes; si la jeunesse est à son déclin, on court le risque de ranimer des regrets, si la vieillesse est incontestable, on s'expose à faire naître des craintes. Que dire des enfants qui placent sous les yeux de leurs parents les chiffres d'années durant lesquelles ceux-ci ont vécu? Allégueront-ils l'étourderie pour excuse? L'étourderie ne peut fournir l'excuse d'une mauvaise action; si le cœur était bon, on saurait réfléchir, et s'abstenir de ces observations monstrueuses; en vérité, ces enfants valent à mes yeux ceux qui, dans d'autres latitudes, mangent leurs parents, pour s'épargner la douleur de les perdre.

La politesse ne suffit pas dans les rapports des enfants avec les parents; ils leur doivent en outre le respect et le dévouement; mais il ne faut pas non plus se croire autorisé à manquer de politesse envers les parents, sous prétexte que le cas échéant on saurait leur témogner du dévouement; celui qui fait banqueroute pour cette monnaie quotidienne du dévouement, qui s'appelle la politesse, serait, on en peut être certain, un mauvais débiteur lorsqu'il serait mis en demeure de payer sa grosse dette, celle du dévoument qu'il réserve pour les circonstances importantes.

Celui qui ne sait pas honorer ses parents par ses sentiments, ses paroles et ses actes, révèle une âme si ignoble, un cœur si égoïste, qu'on peut lui prédire de durs châtiments; le monde n'aura pas en effet pour lui l'inépuisable indulgence mise par la nature dans le cœur des parents, même quand il s'agit de leurs plus indignes enfants. Les marques extérieures de la déférence ne sont point inutiles pour entretenir le respect dû aux parents; quel que soit leur âge, un fils, une fille ne s'attribueront jamais la préséance sur leur père et leur mère, et observeront dans tous leurs rapports une étiquette rigoureuse dans ses détails; la première, la meilleure place appartient toujours aux parents; ils président toujours la table autour de laquelle la famille se trouve réunie.... ils sont servis les premiers.... Ce dernier détail me paraîtrait non-seulement puéril, mais honteux à noter, si je n'avais cru voir qu'il n'est pas toujours observé, que certains enfants se servent les morceaux qu'i préfèrent, commencent même le repas avant que leurs parents soient placés, et entretiennent entre eux une conversation, dont ils excluent dédaigneusement leurs parents.

L'exactitude n'est pas seulement la politesse des rois, mais bien celle de tout le monde; arriver exactement à l'heure marquée pour une invitation, ou indiquée pour un rendez-vous, est un devoir auquel on ne peut manquer, car l'inexactitude est inexcusable, quelque excuse que l'on puisse alléguer; être inexact, c'est préférer franchement, soi, et ses caprices, à tous les devoirs que l'on doit remplir vis-à-vis des autres; l'être inexact est à la fois un être égoïste, vaniteux et mal élevé.

On s'asseoit à table, à la place désignée par les maîtres de la maison; on s'applique à ne pas empiéter sur la place de ses voisins, et à leur éviter toute gêne; on ne s'appuie pas au dossier de sa chaise, on ne gesticule pas, de peur de compromettre la sûreté des cristaux, des porcelaines, et d'incommoder ses voisins; si l'on a des manies particulières, des préférences pour l'eau, le vin, le pain, des antipathies pour certains mets, on abdique absolument ses manies, ses préférences, ses antipathies, et l'on se contente de ce qui est offert à tout le monde, en évitant soigneusement d'entraver le service par des demandes égoïstes; c'est aux maîtres de la maison qu'il appartient de connaître, de prévoir, de satisfaire les goûts de leurs hôtes; si leur prévoyance est incomplète, aucun de leurs hôtes ne doit s'en apercevoir, sous peine d'être un malotru.

On ne déplie jamais sa serviette tout entière; on l'étend sur ses genoux, ployée à moitié.

On coupe sa portion de viande et de volaille, non à l'avance, mais à mesure que l'on en mange un morceau, en tenant sa fourchette avec la main gauche, le couteau avec la main droite.

Avant de peler un fruit, on le coupe en quartiers. On ne mange pas en gardant ses gants; on ne met pas ceux-ci dans un verre destiné au vin de Champagne. Si l'on garde ses gants, en effet, on court le risque de commettre quelque grave maladresse; mais c'est une affectation puérile de les placer dans un verre, pour indiquer que l'on ne veut pas boire de vin.

Les deux écueils qu'il faut éviter le plus soigneusement sont la familiarité et la roideur pour les voisins de table; les connût-on beaucoup, fussent-ils même des amis ou des parents, on ne saurait sans manquer au décorum, les traiter avec une familiarité évidente et trop expansive; la roideur offre des inconvénients d'une autre nature, mais non moins désagréables; sa manifestation nuit à la conversation, fait naître l'ennui, et conduit au ridicule la femme ou la jeune fille, qui s'en servent comme d'un bouclier pour repousser des attaques chimériques : la roideur n'est autre chose que la caricature de la réserve ; celle-ci ne s'arme pas pour un combat que l'on ne songe pas à engager ; elle ne s'apprête pas d'avance à repousser des offenses qui ne se produiront pas ; elle veille sans étaler sa prévoyance, et se manifeste seulement au moment où son intervention devient nécessaire ; sans éclat, sans indignation, sans attribuer à une familiarité de mauvais goût une importance qui n'est point méritée, la réserve sait anéantir cette familiarité avec quelques paroles empreintes de surprise, de froideur, de distraction, indiquant que l'on n'accorde pas une attention considérable à un fait insignifiant; j'ajouterai que la réserve, tout en demeurant non-seulement polie, mais bienveillante, écarte tous les périls que la roideur semble redouter, et qu'elle veut conjurer à force de précautions non-seulement inutiles, mais ridicules.

Il y a une grande différence entre les compliments, les flatteries, et les fadeurs, quoiqu'on les confonde très-fréquemment.

La flatterie est intéressée, par conséquent vile; elle s'adresse aux supérieurs en grade, en fortune, en influence; elle a pour objet de capter leur bienveillance pour s'assurer quelques avantages matériels, ou quelques satisfactions vaniteuses.

Le compliment bien placé, mérité (il peut toujours être mérité, pour peu qu'on sache le choisir), est un témoignage de bienveillance, de sympathie qui doit du reste être mutuel; ceux qui croient niaisement qu'ils méritent tous les compliments et n'en doivent aucun à autrui, recueillent non pas des compliments, mais seulement des flatteries intéressées; le compliment n'est autre chose qu'une manifestation bienveillante; on dit le bien que l'on pense, et l'on n'est jamais obligé de dire le bien que l'on ne pense pas; je me méficrais de ceux qui feraient trop de compliments, comme de ceux qui s'abstiendraient toujours d'en faire: les premiers sont des flatteurs, les seconds, des envieux.

Il est un autre genre de compliments que

quelques femmes recherchent, que d'autres redoutent; ce sont ceux que l'on désigne par le mot *fadeurs;* les femmes qui les provoquent, comme celles qui les redoutent, attribuent aux *fadeurs* une trop grande importance; celles qui prennent ces compliments au sérieux font rire à leurs dépens, et leur crédulité égaie beaucoup ceux qui leur débitent ces *fadeurs;* les femmes qui s'en trouvent scandalisées chavirent sur un écueil opposé, mais le ridicule les atteint aussi; une *fadeur* doit être considérée comme une plaisanterie destinée à alimenter la conversation, rien de plus, rien de moins. Les femmes qui sont réellement prudentes, fortes et honnêtes, ne s'effraient pas si facilement; elles n'attribuent aucune importance exagérée à des paroles qui n'ont aucune signification sérieuse; elles savent se faire respecter, sans appeler l'indignation à leur secours, et en se bornant à considérer les fadeurs comme des plaisanteries inoffensives; j'ajouterai que les femmes sont poursuivies par les *fadeurs* seulement quand elles veulent bien les entendre, et que le meilleur procédé à suivre pour s'en délivrer consiste simplement à ne leur attribuer aucune importance.

Dans un bal, une jeune fille, une jeune femme, se conformeront toujours aux usages adoptés dans la localité où elles se trouvent; si l'on suit l'ancienne mode française, tout homme peut prier à danser une dame sans lui être présenté; si au contraire l'on observe les habitudes actuelles, qui se modèlent un peu sur les mœurs anglaises et allemandes, on se fera présenter, c'est-à-dire *nommer*, à une dame comme à une jeune fille, avant de les inviter à danser.

Si une dame ou une jeune fille a par étourderie accepté plusieurs engagements pour la même danse, elle s'excusera près des diverses personnes avec lesquelles elle s'était engagée, et s'abstiendra absolument de danser; il n'est pas d'autre moyen pour faire amnistier une étourderie qui, nonobstant, demeure toujours inexcusable, car elle peut avoir des résultats très-fâcheux.

On ne porte plus de bouquet à la main lorsqu'on va au bal; on garde soi-même son éventail et son mouchoir, ou bien on les dépose à la place que l'on vient de quitter; en aucun cas on ne peut charger quelqu'un de veiller sur ces objets, et vis-à-vis d'un homme cela constituerait une familiarité déplacée.

On ne prendra pas une place qui vient d'être quittée par une autre personne, ou du moins on la prendra seulement jusqu'au moment où le premier occupant s'en rapprocherait; on n'attendra pas sa réclamation pour lui rendre cette place. Cette règle est absolue, quel que soit l'âge du second occupant; seulement, s'il s'agit d'une dame plus âgée on la pressera de conserver cette place; en aucun cas, on ne peut la réclamer, car la personne qui attend cette réclamation, prouve, par cela même, qu'elle est disposée à ne point y faire droit; il faut soigneusement éviter tout conflit avec les gens mal élevés et s'abstenir de toute contestation qui dégénérerait en dispute inconvenante; le beau rôle est pour la femme qui sacrifie son droit plutôt que de s'exposer à soutenir une querelle grossière.

On a souvent plaisanté sur l'insignifiance des conversations qui s'établissent pendant les danses; mieux vaut encore parler de la chaleur qui règne dans la salle de bal, que d'engager un dialogue familier; une jeune fille se bornera à répondre à son danseur, elle ne relèvera pas la conversation, et devra en cette circonstance, comme dans toutes les autres, demeurer réservée sans roideur, gaie et simple sans familiarité; le désir de produire *de l'effet*, dans un sens quelconque, nuit bien souvent aux jeunes filles; les unes veulent se faire remarquer pour leur austérité, les autres pour leur enjouement; les premières semblent se croire entourées de périls effrayants, n'osent pas répondre aux paroles qu'on leur adresse, tiennent leurs yeux obstinément baissés; les autres jettent à tous les échos les éclats d'une joie folâtre, qui devient aisément inconvenante; il faut éviter ces deux travers qui proviennent, le premier d'un excès de méfiance pour soi et pour les autres, persuadant, à celles qui en sont atteintes, que l'on va commettre de mauvaises actions, ou être induites à en commettre, tandis que les secondes pèchent par un excès de confiance à l'aide duquel elles acquièrent rapidement l'agréable conviction qu'elles ne peuvent mal faire, quoi qu'elles fassent, que leur étourderie sera trouvée très-charmante, leur bavardage fort spirituel, leurs façons déterminées fort gracieuses; le premier travers est encore préférable à celui-ci, mais on doit s'appliquer à les éviter l'un et l'autre, en se répétant toujours qu'il ne faut jamais trop se méfier de soi et des autres, ni trop se fier à soi et aux autres.

Quand la danse est terminée on reconduit sa dame à la place qu'elle occupait, et l'on s'éloigne aussitôt après l'avoir remerciée; comme on ne fait plus guère de révérences, la dame répond par un simple salut à ce remercîment; elle se garde bien de demander ou même d'accepter quelques-uns de ces menus services qui peuvent être rendus dans un bal, car ce moyen est justement l'un de ceux qu'emploient les femmes avides d'hommages pour retenir près d'elles quelques hommes complimenteurs, ou du moins fixer leur attention; la politesse d'une jeune fille, pour les hommes avec lesquels elle aura dansé, devra être douce, aisée, mélangée sinon de froideur, tout au moins de réserve; quels qu'ils soient, jeunes ou vieux, spirituels ou sots, amusants ou ennuyeux, elle devra leur accorder la même dose d'intérêt bienveillant, d'indifférence polie; toute marque de préférence si légère, si insaisissable qu'elle puisse être, lui est scrupuleusement interdite, sous peine de faire rire à ses dépens tous ceux qui soupçonneraient cette préférence, sans même en excepter celui qui en serait l'objet; seulement en suivant cette ligne de conduite, il faut éviter l'excès opposé, qui se traduirait par la maussaderie, la brusquerie, l'embarras; quand on n'aspire pas à produire un effet quelconque, quand on a l'âme modeste et l'esprit droit, on ne se montre ni roide, ni déterminée; on admet que l'on pourra passer inaperçue, et l'on devient sans effort simple, naturelle, dépourvue de toute affectation.

XXVII.

RÉSUMÉ.

Le sujet qui nous a occupé dans les chapitres précédant celui-ci est du nombre de ceux qui ne s'épuisent jamais, et par conséquent restent forcément incomplets, quel que soit le nombre des pages qui lui sont consacrées. On ne peut en effet dresser un catalogue exact des mouvements et des paroles appartenant aux diverses petites circonstances qui surgissent dans nos rapports avec nos semblables; on ne peut indiquer la teneur des phrases qui doivent être prononcées, le degré d'inclinaison appartenant aux saluts et aux révérences. En un mot, le savoir-vivre ne saurait s'apprendre, comme une leçon qu'un enfant récite machinalement, sans se rendre compte des mots qu'il prononce. C'est en raison de cette impossibilité qu'au risque de revenir bien souvent sur le même objet, nous avons essayé d'insister plutôt sur l'origine du savoir-vivre que sur ses diverses manifestations, dans la persuasion que, dès qu'on en aurait pénétré l'esprit, la forme ne saurait faire défaut. Si, au contraire, l'on considérait la politesse comme un vernis superficiel, si l'on espérait remplir suffisamment les devoirs qui en résultent en se bornant à appliquer plus ou moins exactement quelques préceptes plus ou moins exacts, si l'on comptait atteindre ce but en apprenant par cœur quelques lambeaux de phrases banales, on courrait le risque de commettre bien des erreurs et de démentir bien souvent, dans les actions les plus insignifiantes en apparence, les dehors que l'on aurait laborieusement acquis.

Pour être véritablement poli, il faut être à la fois bon, juste et généreux.

Toutes ces vertus n'appartiennent pas, malheureusement, à tous les gens bien élevés que l'on rencontre; mais ceux auxquels ces vertus font défaut sont polis seulement en apparence et pour les individus qui les voient incidemment. Dès qu'on analyse de près la politesse des personnes qui manquent de bonté, ou de justice, ou de générosité, on aperçoit bien vite toutes les lacunes qui existent dans leur savoir-vivre : les uns se montreront durs et hautains pour ceux qui leur sont inférieurs; les autres auront plusieurs poids et plusieurs mesures, ajoutant aux devoirs d'autrui tout ce qu'ils retranchent aux leurs propres; les derniers enfin ne consentiront jamais à s'imposer, au bénéfice de leurs semblables, un sacrifice d'amour-propre ou de bien-être, si léger qu'il soit.

La générosité est en effet l'un des éléments qui doivent figurer à dose élevée dans la combinaison de bons sentiments formant une politesse de bon aloi; inséparable de la délicatesse, elle annonce une élévation d'âme qui constitue un charme puissant. La générosité ne se borne pas, comme pourraient le croire ceux qui envisagent uniquement sa forme la plus matérielle, à donner sans compter, à rétribuer largement les services reçus, à tout ramener, en un mot, à la question d'argent. Les uns ne peuvent pas donner sans compter, les autres le font par ostentation, et ces derniers ne sont pas toujours généreux dans la bonne acception du mot, car en agissant généreusement, ils ne recherchent pas la satisfaction d'autrui, et s'appliquent seulement à acheter une satisfaction pour leur vanité.

La générosité dont nous avons à nous occuper ici, celle qui tient intimement à la civilité, impose des sacrifices plus pénibles qu'un sacrifice d'argent, parce qu'ils sont plus continuels. On rencontre parfois dans le monde parisien des personnes qui ne sont pas dépourvues de bonté, qui ne manquent pas même trop ouvertement aux devoirs de la politesse, et qui savent s'arranger de façon à conquérir, partout où elles se trouvent, la meilleure place, le siége le plus en vue, en accaparant les voisinages les plus intéressants et les plus enviés. Par une foule de manœuvres peu respectables, en somme, parce que leur but n'est autre que la satisfaction d'un intérêt personnel, ces personnes sauront en toute circonstance se constituer à elles-mêmes une foule de petits priviléges ; et se faire une part plus considérable que celle d'autrui, parce qu'elles la prélèveront sur toutes les autres parts ; elles vont instinctivement à ce qui leur convient, sans tenir compte de ce qui conviendrait aux autres, et leur politesse sera toujours incomplète, parce que la générosité et la délicatesse leur font absolument défaut. Il pourra arriver cependant que ces mêmes personnes soient serviables dans certaines circonstances, et ne se montrent pas égoïstes sur tous les points; elles seront égoïstes surtout lorsqu'il s'agira des intérêts qui sont les plus considérables selon leur appréciation, et entre autres des jouissances vaniteuses et de quelques satisfactions matérielles.

La générosité, dans nos rapports avec la société, nous commande justement une conduite opposée; elle nous inspire le désir constant d'augmenter la part de bien-être des autres aux dépens de la nôtre propre; elle nous oblige à abdiquer nos préférences et nos petits intérêts de vanité, afin d'éviter de les satisfaire au détriment de ceux qui nous entourent, et elle trouve une compensation suffisante à tous les sacrifices qu'elle accomplit sans les compter, une récompense proportionnée à ses efforts, dans le témoignage qu'elle peut se rendre à elle-même de n'avoir pas reçu plus qu'elle n'a donné.

Mais justement en raison de son but principal, qui est de créer à toute réunion une atmosphère paisible, dépourvue de toute inquiétude, de toute gêne, il faut éviter d'adopter l'excès opposé à celui qui vient d'être signalé. Certaines personnes portent trop loin, en effet, l'application des principes de générosité et de délicatesse; elles s'effacent trop constamment; elles s'amoindrissent volontairement avec une persistance qui impose un labeur fatigant à tous ceux qui veulent réagir contre une modestie exagérée, et par cela même gênante pour tout le monde. S'il faut lutter contre les premiers, qui veulent se faire une part plus large, il est plus pénible encore de lutter avec et pour les derniers, qui s'obstinent à agir d'après des scrupules exagérés, qui refusent la place qu'on leur propose, parce qu'ils supposent qu'un autre s'y trouverait bien, qui ne veulent pas accepter ce qu'on leur offre, dans la crainte de commettre une indiscrétion, et donnent ainsi à la maîtresse de maison qui les reçoit, un souci perpétuel, une préoccupation de tous les moments, de nature à paralyser tous les efforts ou de les concentrer sur un seul point.

Cet excès de délicatesse, honorable et rare, sans nul doute, dépasse et manque son but. Ne rien exiger, mais accepter sans se faire prier ce qui est offert franchement et de bon cœur, se suffire à soi-même, afin de ne pas obliger les autres à s'occuper constamment de mettre en relief ceux qui s'obstinent à s'effacer, accueillir sans scrupules immodérés l'équivalent des soins, des égards, des attentions, que l'on a soi-même pour ses semblables, telle est, si je ne me trompe, la ligne de conduite qu'il faut observer pour n'être à charge à autrui, ni par excès de vanité, ni par excès de modestie. Que l'on ne s'y trompe pas d'ailleurs, le dernier confine souvent à l'orgueil. Il est injuste d'interdire à nos semblables la faculté d'acquitter les petites dettes de politesse qu'ils peuvent avoir contractées envers nous, et l'on peut dire de cette humilité excessive ce que l'on a dit du manteau de Diogène : on voit l'orgueil au travers de sa transparence. La véritable générosité donne ses soins, ses sacrifices, sans les compter, sans prétendre qu'on lui en restitue l'équivalent; mais elle accepte l'échange lorsqu'il lui est offert, parce qu'on ne peut s'obstiner à laisser peser sur les autres une dette dont ils veulent s'acquitter.

Nous avons vu, dans le cours des pages précédentes, que tout sentiment qui se trouve en désaccord avec la charité est par cela même en opposition avec la politesse. L'une et l'autre nous commandent l'indulgence dans nos jugements, la bienveillance dans nos rapports avec nos semblables. L'une et l'autre nous interdisent les commentaires hasardés sur la conduite de notre prochain, commentaires dérivant toujours en commérages envenimés. S'occuper des personnes que l'on connaît pour scruter leurs intentions, blâmer leurs actions, dénaturer les faits pour mettre une vraisemblance factice d'accord avec les mauvaises intentions que l'on suppose à autrui, cela est non-seulement mauvais, mais encore de fort mauvais goût. Écoutez la conversation des personnes bien élevées : elles ne parleront des gens qu'elles connaissent que pour les défendre dans le cas où l'on essayerait de les attaquer devant elles. On ne les entendra jamais élever publiquement la voix pour attaquer une réputation ; elles s'abstiendront même des commérages moins graves et ne s'appliqueront jamais à blâmer Mme X..., parce qu'elle renouvelle trop souvent ses robes, et Mme Y... parce qu'elle ne les renouvelle pas assez souvent. Elles n'occuperont ni leur esprit ni leurs hôtes des tracas de ménage qui ont surgi chez Mme ***, ni de la parcimonie ou de la prodigalité de Mme ***. Cet acharnement contre les personnes, cette application à mille détails infimes, constituent la conversation des petits esprits, des intelligences vulgaires, tout au moins, quand on n'y trouve pas la marque d'une âme méchante et envieuse. Les personnes ignorantes, celles qui ne savent s'occuper ni d'arts, ni de littérature, ni de morale, ont seules recours à la médisance ; les autres n'y trouvent aucun intérêt pour leur esprit, lors même qu'elles n'en seraient pas détournées par leur conscience.

Nous avons vu aussi (et si je le répète, c'est pour résumer brièvement les sujets sur lesquels nous nous sommes arrêtés), nous avons vu que la politesse ne peut se concilier avec aucune prétention. Des gens vaniteux, toujours occupés à se mettre en évidence au détriment d'autrui, toujours tourmentés du désir de jouer un rôle principal, d'attirer l'attention, ne peuvent être polis : leur personnalité affamée et absorbante s'interpose entre eux et les devoirs qu'ils ont à remplir envers leurs semblables.

Ils ne peuvent être polis non plus, ceux qui ne savent pas s'imposer le renoncement sous toutes ses menues formes, ceux qui ne savent pas écouter avec patience un récit ennuyeux, une anecdote peu intéressante, ceux qui ne savent pas cacher habilement qu'ils préféreraient une autre conversation et un autre interlocuteur. Ils ne sont pas polis ceux qui, sous prétexte de franchise, contractent l'habitude de satisfaire leur malveillance naturelle en distribuant de tous côtés des vérités désagréables et de mauvais compliments. La franchise qui a pour résultat de blesser et de peiner ceux devant qui elle se manifeste, se transforme en brutalité, et, pour être juste, il faut lui restituer sa physionomie véritable. La franchise peut s'opposer à ce que nous exprimions une pensée qui ne serait pas sincère, mais elle ne peut nous imposer la loi, et nous conférer le droit, d'énoncer celles de nos pensées qui seraient désagréables pour ceux qui nous entourent. Lorsqu'on lui permet d'adopter cette voie, on transforme une qualité sérieuse en un défaut insupportable, tout à fait opposé à la bonté comme à la politesse. S'il faut, dans le monde, apprendre à parler, il faut surtout apprendre à se taire. Il faut savoir se taire lorsqu'il s'agit de dire inutilement une vérité désagréable, lorsqu'on est exposé à froisser l'amour-propre d'autrui, lorsqu'on court le risque de peiner ou d'humilier quelqu'un. Il est permis de dire *toute* la vérité, seulement dans le cas où des intérêts graves seraient compromis par notre silence. Mais dans les rapports purement mondains, la franchise est une vertu qui ne peut se produire dans tout son épanouissement, sans froisser inutilement toutes les vanités, sans créer des ennemis implacables, sans exciter des représailles tout à fait incompatibles avec le *décorum* qui doit présider à toute réunion.

L'assurance, pour n'être point blessante, doit avoir pour origine, non une conviction exagérée de notre propre mérite, mais une confiance loyale en la bienveillance de ceux parmi lesquels nous nous trouvons. Si elle s'appuie sur la vanité, l'assurance fait immédiatement naître chez ceux devant qui elle s'affirme le désir de la détromper, en la ramenant à une appréciation plus modeste. Vient-elle au contraire d'un sentiment qui nous porte à compter sur l'indulgence de ceux qui nous entourent, elle atteint immédiatement le degré qui éveille la sympathie, en donnant la tranquillité à l'amour-propre d'autrui. Une trop grande dose d'assurance conduit au ridicule ceux qui la possèdent tout en blessant ceux qui la constatent; le manque d'assurance, la gaucherie et l'indécision qui en résultent, ont pour effet de peiner les personnes bienveillantes, qui voient ainsi leur bonté mise en doute, tandis que les gens frivoles se hâtent de juger un individu d'après la défiance que lui inspirent à lui-même ses propres forces et de le prendre au mot lorsqu'il paraît s'estimer trop peu.

Je terminerai les chapitres consacrés à ce sujet en engageant mes jeunes lectrices a se préoccuper moins des détails insignifiants de la civilité que des sentiments et des vertus qui composent son origine et rayonnent sur toutes les actions qui émanent d'elle. Il faut s'appliquer plutôt à envoyer sa carte de visite à tous ceux qui ont droit à cette marque d'attention, qu'à la plier à droite ou à gauche. Peu importe que la date d'une lettre figure à la première ou bien à la dernière page, pourvu que la lettre témoigne de sentiments bienveillants et prouve le bon cœur de la personne qui l'a écrite, en même temps que sa bonne éducation, représentée, dans une lettre, par une bonne orthographe. Il faut rendre les saluts que l'on reçoit, avec aménité et empressement, plutôt que de se demander quel doit être le degré d'inclinaison de la tête. En s'attachant à corriger, à vaincre en elles la vanité et l'orgueil, la malveillance et la hauteur, l'injustice et l'indélicatesse..... à supposer que l'un de ces défauts puisse exister parmi les personnes qui lisent ces lignes..... mes lectrices auront fait plus de progrès, et des progrès plus solides dans la connaissance et la pratique de la civilité, qu'elles n'en pourraient espérer par la lecture assidue, par l'étude constante de tous les *Manuels du savoir-vivre*, de tous les dictionnaires du *bon ton*, qui ont pu être écrits jusqu'à ce jour. La politesse ne peut résider uniquement dans quelques formalités plus ou moins exactement remplies, et ne se rencontrera jamais dans sa forme la plus parfaite tant qu'elle voudra se séparer des qualités et des vertus. C'est donc sur soi qu'il faut agir pour réprimer ses instincts égoïstes et développer ses bonnes qualités, si l'on a la noble ambition de se montrer sans effort, et en toute circonstance, digne de porter le beau titre d'une personne *bien élevée.*

TABLE.

www.ingramcontent.com/pod-product-compliance
Ingram Content Group UK Ltd.
Pitfield, Milton Keynes, MK11 3LW, UK
UKHW020057200726
13856UKWH00002B/261